TRAITÉ

SUR LA MANIÈRE

De liquider les Droits d'Enregistrement dus à
l'Etat par l'Ouverture des Successions.

TRAITÉ

SUR LA MANIÈRE

De liquider les Droits d'Enregistrement dus à l'État
par l'Ouverture des Successions,

OU

TRAITÉ

DES MUTATIONS

Par décès, en matière de Droits d'Enregistrement.

OUVRAGE utile à MM. les Maires, Notaires, Avoués, Défenseurs officieux, Greffiers, Huissiers et généralement à tous ceux qui ont à payer au Gouvernement des droits pour les biens qu'ils ont recueillis, soit à titre de succession, soit à un titre équipollent à succession, etc.

Par COUILLARD-VALLÉE, ex-Employé dans l'Enregistrement et Domaines.

PREMIÈRE ÉDITION.

(Prix : 2 fr.)

AU MANS,

Chez BELON, Libraire, rue Marchande.

Imprimerie de FLEURIOT, rue Royale, n.º 26.

An 1817.

TRAITÉ

SUR LA MANIÈRE

De liquider les Droits d'Enregistrement dus à l'État par l'Ouverture des Successions.

DE L'OUVERTURE DES SUCCESSIONS,

PREMIÈRE PARTIE.

Les successions s'ouvrent par la mort naturelle et par la mort civile. (Art. 718 du code civil.)

Aucune difficulté ne peut exister, quand la mort naturelle est prouvée ; mais il en existe lorsque , dans le cas d'absence, on doute si un homme est mort ou vif, et lorsque plusieurs personnes appelées à se succéder périssent dans un même événement, sans qu'on puisse connaître laquelle est décédée la première. Pour les absens, nous dirons dans la suite quand le droit de mutation est dû à l'État. Quant aux personnes décédées dans un même événement, on doit faire l'application dans cet état des dispositions des art. 721 et 722 du code civil.

L'art. 721 dit : « *Si ceux qui ont péri ensemble avaient moins de quinze ans, le plus âgé sera présumé avoir survécu.*

» *S'ils étaient tous au-dessus de soixante ans, le moins âgé sera présumé avoir survécu.*

» *Si les uns avaient moins de quinze ans et les autres*

plus de soixante ans, les premiers seront présumés avoir survécu. »

L'art. 722 dit : « Si ceux qui ont péri ensemble avaient quinze ans accomplis et moins de soixante ans, le mâle est toujours présumé avoir survécu, lorsqu'il y a égalité d'âge, ou si la différence qui existe n'excède pas une année.

» S'ils étaient du même sexe, la présomption de survie, qui donne ouverture à la succession dans l'ordre de la nature, doit être admise; ainsi le plus jeune est présumé avoir survécu au plus âgé. »

La succession est ouverte par la mort civile, du moment de l'exécution des jugemens ou arrêts qui la prononcent, soit réelle, soit par effigie. (Art. 25 et 26 du code civil.)

En général, lors de l'ouverture d'une succession, la mort saisit le vif dès le moment du décès, les biens du défunt ne devant rester en suspens.

Les héritiers légitimes sont saisis de plein droit des biens, droits et actions du défunt, sous l'obligation d'acquitter toutes les charges de la succession. (Art. 724 du code civil.)

Pour succéder, il faut nécessairement exister à l'instant de l'ouverture de la succession; ainsi sont incapables de succéder, celui qui n'est pas encore conçu; l'enfant qui n'est pas né viable; celui qui est mort civilement. (Art. 725 du code civil.)

Nota. L'enfant né 300 jours après le décès du père n'en est pas héritier.

Sont indignes ceux que la loi déclare tels, comme ayant attenté ou tenté de donner la mort au défunt. (Art. 727 du code civil.)

DIVERS ORDRES DE SUCCESSION.

Principes généraux.

Les successions sont déférées aux enfans et descendans du défunt, à ses ascendans, et à ses parens collatéraux, dans l'ordre et suivant les règles ci-après déterminées. (Art. 731 du code civil.)

La loi ne considère ni la nature, ni l'origine des biens pour en régler la succession.

Toute succession échue à des ascendans ou à des collatéraux se divise en deux parts égales ; l'une pour les parens de la ligne paternelle ; l'autre pour les parens de la ligne maternelle. Les parens utérins et consanguins ne sont pas exclus par les germains ; mais ils ne prennent part que dans leur ligne , sauf ce qui sera dit art. 752 du code civil , dont la disposition sera ci-après rappelée. Les germains prennent part dans les deux lignes. (Art. 733 du code civil.)

Il ne se fait aucune dévolution d'une ligne à l'autre , que lorsqu'il ne se trouve aucun ascendant ni collatéral de l'une des deux lignes. (Art. 733 du code civil.)

Cette première division opérée entre les lignes paternelle et maternelle , il ne se fait plus de division entre les diverses branches; mais la moitié dévolue à chaque ligne appartient à l'héritier ou aux héritiers les plus proches en degrés, sauf le cas de la représentation , ainsi qu'il sera dit ci-après. (Art. 734 du code civil.)

La proximité de parenté s'établit par le nombre des

générations; chaque génération s'appelle un degré (Art. 735) ; la suite des degrés forme la ligne.

On appelle *ligne directe* la suite des degrés entre personnes qui descendent l'une de l'autre ; ligne collatérale, la suite des degrés entre personnes qui ne descendent pas les unes des autres, mais qui descendent d'un auteur commun.

On distingue la ligne directe, en ligne *directe descendante* et ligne *directe ascendante*.

La première est celle qui lie le chef avec ceux qui descendent de lui ; la deuxième est celle qui lie une personne avec ceux dont elle descend. (Art. 736 du code civil.)

En ligne directe, on compte autant de degrés qu'il y a de générations entre les personnes ; ainsi le fils est à l'égard du père au premier degré ; le petit-fils au deuxième, et réciproquement du père et de l'aïeul à l'égard des fils et petits-fils. (Art. 737 du code civil.)

En ligne collatérale, les degrés se comptent par les générations depuis l'un des parens, jusques et non compris l'auteur commun ; et depuis celui-ci jusqu'à l'autre parent. Ainsi deux frères sont au deuxième degré ; l'oncle et le neveu sont au troisième degré ; les cousins germains au quatrième degré, ainsi de suite. (Art. 738 du code civil.)

De la Représentation.

La représentation est une fiction de la loi, dont l'effet est de faire entrer les représentans dans la place, dans le degré et dans les droits du représenté. (Art. 739 du code civil.)

(5)

La représentation a lieu à l'infini dans la ligne directe descendante. (Art. 740 du code civil.) Elle est
admise dans tous les cas, soit que les enfans du défunt
concourent avec les descendans d'un enfant prédécédé,
soit que tous les enfans du défunt étant morts avant lui,
les descendans desdits enfans se trouvent entre eux en
degrés égaux ou inégaux. (Art. 740 du code civil.)

La représentation n'a pas lieu en faveur des ascendans ;
le plus proche, dans chacune des deux lignes, exclut
toujours le plus éloigné. (Art. 741 du code civil.)

. En ligne collatérale, la représentation est admise en faveur des enfans et descendans de frères ou sœurs du
défunt, soit qu'ils viennent à sa succession concur-
remment avec des oncles ou tantes, soit que tous les
frères et sœurs du défunt étant prédécédés, la succession
se trouve dévolue à leurs descendans en degrés égaux
ou inégaux. (Art. 742 du code civil.)

Dans tous les cas où la représentation est admise, le
partage s'opère par souche ; si une même souche a produit plusieurs branches, la subdivision se fait aussi
par souche dans chaque branche, et les membres de
la même branche partagent entre eux par tête. (Art. 743
du code civil.)

On ne représente pas les personnes vivantes, mais seulement celles qui sont mortes naturellement ou civilement. On peut représenter celui à la succession duquel
on a renoncé. (Art. 744 du code civil.)

. En général, la loi appelle à la succession les parens
les plus proches, par le motif que le défunt est présumé
avoir eu plus d'affection pour ceux-ci que pour les
autres parens plus éloignés en degrés.

Cependant cette règle générale reçoit une exception dans le même sens de la présomption qui lui sert de base ; et, comme, dans l'ordre des affections, il existe une représentation réelle qui met les enfans à la place des pères décédés, et reporte sur eux toute la tendresse de la famille, la loi a dû suivre la même marche, et admettre la représentation.

Lorsque tous les enfans ou tous les frères et sœurs du défunt sont décédés, on pourrait croire que les petits enfans ou les enfans des frères et sœurs sont appelés de leur chef à la succession, et par tête, c'est-à-dire tous par égale portion ; néanmoins les art. 740 et 742 du code civil les appellent par représentation ; et l'art. 743 veut, dans ce cas, le partage par souches ; mais, suivant l'art. 787, lorsque tous les successibles du premier degré ont renoncé, les enfans viennent de leur chef et succèdent par tête. Il ne faut point perdre de vue cette différence.

Des Successions déférées aux descendans.

Ier Ordre.

Dans toutes les successions, la loi appelle d'abord les descendans.

Les enfans ou leurs descendans, porte l'art. 745 du code civil, succèdent à leurs père et mère, aïeuls, aïeules ou autres ascendans, sans distinction de sexe ni de primogéniture, et encore qu'ils soient issus de différens mariages.

Ils succèdent par égales portions et par tête, quand ils sont tous au premier degré, et appelés de leur chef : ils succèdent par souche, lorsqu'ils viennent tous ou en partie par représentation.

Il n'y avait d'exception à ce principe que pour les biens qui autrefois composaient un majorat.

Des Successions déférées aux ascendans.

2.ᵉ Ordre.

Il vient d'être dit que la loi appelle d'abord les descendans.

La succession collatérale ne vient en général qu'après la succession ascendante, et en troisième ordre ; il y a cependant des cas de préférence où elles se mêlent, où les ascendans et les collatéraux concourent ensemble, ainsi qu'on le remarquera ci-après.

Si le défunt n'a laissé ni postérité, ni frère, ni sœur, ni descendans d'eux, la succession se divise par moitié entre les ascendans de la ligne paternelle et les ascendans de la ligne maternelle.

L'ascendant qui se trouve au degré le plus proche, recueille seul la moitié affectée à sa ligne, à l'exclusion de tous autres.

Les ascendans au même degré succèdent par tête. (Art. 746 du code civil.)

Losque les père et mère d'une personne morte sans postérité lui ont survécu, si elle a laissé des frères, sœurs, ou des descendans d'eux, la succession se divise en deux portions égales, dont moitié seulement est déférée au père et à la mère, qui la partagent entre eux également ; l'autre moitié appartient aux frères, sœurs ou descendans d'eux. (Art. 748 du code civil.)

Dans le cas où la personne morte sans postérité laisse des frères, sœurs, ou des descendans d'eux, si le père ou la mère est prédécédé, la portion qui lui aurait été dévolue, conformément au précédent article, se réunit à la moitié déférée aux frères, sœurs, ou à leurs représentans. (Art. 749 du code civil.)

Les ascendans succèdent, à l'exclusion de tous autres, aux choses qu'ils ont données à leurs enfans ou descendans décédés sans postérité.

La loi ayant dit que le droit de succéder appartient à l'ascendant donateur, à l'exclusion de tous autres, il en résulte que, si c'est un aïeul qui a donné à son petit-fils, mort sans postérité, c'est l'aïeul qui doit succéder à la chose par lui donnée, et non le père de l'enfant, quoique vivant.

Il est de principe que ce droit n'appartenant qu'à l'ascendant donateur, il faut qu'il survive au donataire, pour qu'il y ait lieu à cette succession, qu'il ne transmet point à ses héritiers.

Si les enfans du donataire renoncent à sa succession, le droit de succéder à la chose donnée accordé à l'ascendant donateur, doit-il avoir lieu? Lebrun et Dumoulin le décident ainsi, parce que, disent-ils, c'est la même chose qu'il n'y ait point d'enfans, ou que ces enfans ne soient point héritiers.

Si les enfans du donataire meurent sans descendans, y a-t-il également lieu au droit de succéder à la chose donnée? Oui ; ce principe d'abord problématique, était devenu par la jurisprudence un point constant dans la coutume de Paris, et le code l'ayant adopté, on doit suivre la même règle.

Lorsque l'ascendant donateur est héritier, ce qu'il avait donné lui revient à titre de succession, et il partage avec des cohéritiers, s'il en a, le surplus des biens du décédé, s'il en existe.

Des Successions Collatérales.

3.e O R D R E.

Voici le troisième ordre des successions qui, comme on l'a observé, au précédent paragraphe, concourt quelquefois avec le second ordre, et lui est même quelquefois préféré.

En cas de prédécès des père et mère, d'une personne morte sans postérité, ses frères, sœurs, ou leurs descendans sont appelés à la succession, à l'exclusion des ascendans et des autres collatéraux ; ils succèdent ou de leur chef, ou par représentation, ainsi qu'il a été dit au mot représentation. (Art. 750 du code civil.)

Si les père et mère de la personne morte sans postérité lui ont survécu, ses frères, sœurs ou leurs représentans ne sont appelés qu'à la moitié de la succession ; si le père ou la mère seulement a survécu, ils sont appelés à recueillir les trois quarts. (Art. 751 du code civil.)

Le partage de la moitié ou des trois quarts dévolus aux frères ou sœurs, aux termes de l'art. précédent, s'opère entre eux par égales portions, s'ils sont tous d'un même lit ; s'ils sont de lits différens, la division se fait par moitié entre les deux lignes paternelle et maternelle du défunt ; les germains prennent part dans les deux lignes, et les utérins et consanguins chacun dans leur ligne seulement ; s'il n'y a de frères ou sœurs que d'un côté, ils succèdent à la totalité, à l'exclusion de tous autres parens de l'autre ligne. (Art. 752 du code civil.)

A défaut de frères ou sœurs , ou de descendans d'eux , et à défaut d'ascendans dans l'une ou l'autre ligne , la succession est déférée pour moitié aux ascendans survivans , et pour l'autre moitié , aux parens les plus proches de l'autre ligne.

S'il y a concours de parens collatéraux au même degré , ils partagent par tête. (Art. 753 du code civil.)

Dans le cas de l'article précédent, le père ou la mère survivant a l'usufruit du tiers des biens auxquels il ne succède pas en propriété. (Art. 754 du code civil.)

Les parens au-delà du douzième degré ne succèdent pas.

A défaut de parens au degré successible dans une ligne , les parens de l'autre ligne succèdent pour le tout. (Art. 755 du code civil.)

Droits des Enfans naturels sur les biens de leurs Père et Mère.

Les enfans naturels ne sont point héritiers ; la loi ne leur accorde de droits sur les biens de leurs père ou mère décédés, que lorsqu'ils ont été légalement reconnus : elle ne leur accorde aucun droit sur les biens des parens de leurs père ou mère. (Art 756 du code civil.)

Le droit de l'enfant naturel sur les biens de ses père ou mère décédés , est réglé ainsi qu'il suit :

Si le père ou la mère a laissé des descendans légitimes, ce droit est d'un tiers de la portion héréditaire que l'enfant naturel aurait eue, s'il eût été légitime ; il est de la moitié , lorsque les père ou mère ne laissent pas de descendans , mais bien des ascendans ou des frères ou sœurs ; il est des trois quarts, lorsque les père ou mère ne laissent ni descendans , ni ascendans , ni frères, ni sœurs. (Art. 757 du code civil.)

L'enfant naturel a droit à la totalité des biens , lorsque ses père ou mère ne laissent pas de parens au degré successible. (Art. 758 du code civil.)

En cas de prédécès de l'enfant naturel , ses enfans ou descendans peuvent réclamer les droits fixés par les art. précédens. (Art. 759 du code civil.)

L'enfant naturel ou ses descendans sont tenus d'imputer sur ce qu'ils ont droit de prétendre, tout ce qu'ils ont reçu du père ou de la mère dont la succession est ouverte , et qui serait sujette à rapport. (Art. 760 du code civil.)

Toute réclamation leur est interdite , lorsqu'ils ont reçu, du vivant de leur père ou de leur mère , la moitié de ce qui leur est attribué par les art. précédens , avec déclaration expresse, de la part de leurs père ou mère, que leur intention est de réduire l'enfant naturel à la portion qu'ils lui ont assignée.

Dans le cas où cette portion serait inférieure à la moitié de ce qui devrait revenir à l'enfant naturel , il ne pourra réclamer que le supplément nécessaire pour parfaire cette moitié. (Art. 761 du code civil.)

Les dispositions des art. 757 et 758 ne sont pas applicables aux enfans adultérins ou incestueux. La loi ne leur accorde que des alimens. (Art. 762 du code civil.)

Ces alimens sont réglés eu égard aux facultés du

père ou de la mère, au nombre et à la qualité des héritiers légitimes. (Art. 763 du code civil.)

Lorsque le père ou la mère de l'enfant adultérin ou incestueux lui auront fait apprendre un art mécanique, ou lorsque l'un d'eux lui aura assuré des alimens de son vivant, l'enfant ne pourra élever aucune réclamation contre leur succession. (Art. 764 du code civil.)

Des Successions des Enfans naturels décédés sans postérité.

La succession de l'enfant naturel, décédé sans postérité, est dévolue au père ou à la mère qui l'a reconnu; ou par moitié, à tous les deux, s'il a été reconnu par l'un et par l'autre. (Art. 765 du code civil.)

En cas de prédécès des père et mère de l'enfant naturel, les biens qu'il en avait reçus, passent aux frères ou sœurs légitimes, s'ils se retrouvent en nature dans la succession ; les actions en reprise, s'il en existe, ou le prix de ces biens aliénés, s'il est encore dû, retournent également aux frères et sœurs légitimes. Tous les autres biens passent aux frères et sœurs naturels, ou à leurs descendans. (Art. 766 du code civil.)

Il ne paraît pas que les frères et sœurs exercent ce droit de retour à titre de succession : la loi ne se sert pas du mot *succèdent*, elle dit que les choses données par les père et mère à l'enfant naturel *passent*, en cas de mort de celui-ci sans descendans, aux frères et sœurs légitimes : c'est donc un véritable droit de retour que ces derniers exercent.

Des Successions dévolues à l'Epoux survivant.

Lorsque le défunt n'a laissé ni parens au degré successible, ni enfans naturels, les biens de sa succession appartiennent au conjoint survivant, quand bien même il serait séparé de corps et de biens. (Art 767 du code civil.)

Cette disposition est conforme à celle du droit romain. *Undè vir et uxor.*

Des Successions dévolues à l'Etat.

Lorsque le défunt n'a laissé ni parens au degré successible, ni enfans naturels, ni conjoint survivant, la succession est acquise à l'Etat. (Art. 768 du code civil.)

Des Successions vacantes.

Quand il arrive qu'il ne se présente, pour recueillir une succession, ni parens, ni enfans naturels, ni époux survivant, ni même l'Etat, la succession est alors vacante ; on nomme à cette succession un curateur qui est chargé de son administration.

Après avoir développé successivement, et tel que l'établit le code civil, comment les successions s'ouvrent, les divers ordres de succession et d'attribution de propriété, on va entrer dans tous les détails convenables pour opérer valablement une déclaration de succession, soit pour les formalités à remplir, soit pour les biens à déclarer.

Loi du 22 Frimaire an VII.

Dispositions générales.

D'après une disposition générale, sont tenus de passer déclaration, et d'acquitter les droits de mutation par décès :

1.° Les héritiers directs dans la ligne descendante et ascendante ;

2.° Les enfans naturels ;

3.° Les héritiers collatéraux ;

4.° Les héritiers bénéficiers ; (On entend ceux qui acceptent une succession sous bénéfice d'inventaire.)

5.° Les héritiers institués par contrat de mariage, ou par testament ;

6. Les donataires à l'ouverture de la donation dont l'effet est soumis à l'événement du décès ;

7.° Les légataires ;

8.° Les tuteurs ou curateurs, leurs représentans, même ceux nommés aux enfans conçus et à naître ;

9.° Les curateurs aux successions vacantes ;

10. Les créanciers autorisés à accepter la succession du chef de celui qui a renoncé, au préjudice de leurs droits ;

11.° Les étrangers qui héritent de biens en France

les époux survivans, même domiciliés en pays étrangers, pour les biens qu'ils recueillent en France, en vertu de la loi, de leur contrat de mariage, ou de tous autres actes.

Des formes préalables aux déclarations à faire aux Bureaux d'Enregistrement, pour le paiement des Droits.

La loi du 22 frimaire an 7, art. 27, oblige les héritiers, donataires, leurs tuteurs, ou curateurs, etc., ainsi qu'ils sont établis au titre des dispositions générales, à passer dans les six mois, à compter du décès, si ce décès a lieu en France, la déclaration des biens qui leur échoient à titre d'hérédité, legs, ou autrement. Ce délai est de huit mois, si le décès est arrivé en Europe ; d'une année, s'il est arrivé en Amérique; et de deux années, si c'est en Afrique et en Asie.

Cette déclaration doit se faire au receveur de l'enregistrement dans l'arrondissement duquel les biens sont situés.

Pour y parvenir, il faut 1.° justifier du décès; 2.° donner la désignation des ayant droit à la succession. Si tous les héritiers ne comparaissent pas, les comparans peuvent se porter fort des autres. Ces déclarations peuvent aussi se faire par un fondé de pouvoir, sans qu'il soit besoin que le pouvoir soit enregistré.

3.° Donner le détail exact des biens que l'on a recueillis ;

4.° Représenter les baux courans, s'il en existe; s'il

n'en existe pas, déclarer approximativement de quel revenus les biens sont susceptibles ; si la location es verbale, déclarer quel en est l'objet ;

5.º Représenter aussi tous actes, tels qu'inventair (on ne peut exiger la représentation des procès-verbau de vente de mobilier, lorsqu'il y a inventaire), contra de mariage, testamens, donations, etc. ; enfin tout c qui concerne l'hérédité et forme titre, soit au prof des héritiers, donataires ou légataires ; à défaut d'in ventaire, on y supplée par la représentation d'un éta estimatif des valeurs mobiliaires, détaillé article pa article, certifié sincère et véritable, qui reste annexé la déclaration pour en garantir l'authenticité ;

6.º Produire encore tous actes justificatifs, que de biens qui pourraient être considérés comme conquêts d communauté, appartiennent exclusivement à l'un de époux, soit décédé, soit survivant, d'après les distinc tions qui seront faites, lorsqu'il sera question des bien propres ; distinctions d'autant plus essentielles que, faut d'explication, elles occasionnent le paiement de droits qui ne sont pas dus.

Il est important d'avertir les déclarans que, dans le cas d'omission ou d'insuffisance, prouvée pour l'omis sion, dans les trois ans de la date de la déclaration, et, pour l'insuffisance, dans les deux années qui suivent celle-ci, la loi punit de l'amende d'un droit égal à celui qui n'aurait pas été acquitté, ceux des déclarans qui auraient commis des erreurs dans ce genre.

Le receveur de l'enregistrement a cinq ans pour la demande en paiement des droits de mutation qui n'au raient pas été payés ; le demi-droit en sus n'est exigible qu'à partir de l'expiration du délai accordé pour passer la déclaration qui suit le décès, qui est de six mois, s'il a eu lieu en France.

L'insuffisance, dans une déclaration de succession, se prouve par les baux courans des immeubles qu'on aurait soustraits à la déclaration, ainsi que par tous actes qui démontreraient que le mobilier n'aurait pas été suffisamment estimé, et que les immeubles sont supérieurs en revenu à celui déclaré.

L'omission se prouve par la soustraction démontrée des biens qui faisaient partie de l'hérédité.

On observe ici que, de quelque dette qu'une succession soit grévée, cela n'autorise pas à s'en prévaloir pour prétendre diminution des droits dus ; le revenu des biens à déclarer ne doit pas seulement comprendre ce qu'en retire le propriétaire, mais tous subsides, charges et impôts doivent être considérés comme faisant partie de ce revenu, et doivent y être ajoutés sans retranchement.

Les receveurs de l'enregistrement peuvent, soit dans les inventaires faits après décès, soit dans des réglemens, quittances de fermages et autres actes, se procurer les renseignemens propres à faire fructifier leurs recherches : dans les inventaires, parce que, dans le détail des dettes actives, on voit que tel fermier est arriéré d'une année de fermages ; la somme pour laquelle ce débet est constaté, est une preuve suffisante, lorsqu'il y a simulation dans les revenus déclarés ; dans les réglemens, soit relativement au mobilier, soit autrement, on y recueille des renseignemens précieux, additionnels de l'inventaire, qui souvent n'y ont pas été compris, pour éluder les droits dus à l'état ; enfin, dans les quittances, l'année de fermage qui en détermine le montant, peut servir de base à établir une demande supplémentaire de droits, lorsque l'évaluation faite ou donnée est inférieure à la véritable valeur des revenus ; on peut encore recourir aux rôles qui établissent l'impôt, lorsque les évaluations sont supérieures au revenu déclaré.

Dans le cas où l'on ne peut se procurer ces preuves d'insuffisance par les moyens qu'on vient d'établir, et lorsqu'on a l'entière conviction d'une simulation dans le produit annuel des revenus déclarés, le receveur peut provoquer l'expertise des biens qui en sont l'objet, et s'il prouve que les immeubles excèdent d'un huitième ce qui fait la base de la déclaration, cette preuve suffit pour exiger un supplément de droits et en poursuivre le recouvrement.

Le prix de vente d'immeubles de la succession ne suffit pas et ne peut servir à déterminer le revenu, en prenant pour base le denier vingt, car souvent il arrive qu'un immeuble, soit par convenance ou autrement, est vendu le denier quarante et plus; alors, comment établir une demande supplémentaire sur un bien vendu 40,000 fr., qui ne produit évidemment que 1000 fr. de revenu, et que vous porteriez à 2000 fr. de revenu, en admettant ce principe ?

On vient d'établir les règles d'après lesquelles doivent se faire les déclarations ; postérieurement, il sera traité séparément de chacune d'elles, et autant que possible, les déclarans seront éclairés, tant sur leurs droits d'hérédité, que sur les droits qui seront dus à l'Etat, à cause des diverses mutations dans l'espèce.

Mais, avant d'offrir des exemples de liquidation des droits de mutation par décès, il convient d'entrer dans quelques détails sur plusieurs portions d'attribution de propriété; ils seront basés sur les dispositions du code : on fera revivre aussi quelques attributions coutumières, par rapport aux mariages qui ont eu lieu sous le régime coutumier, tels que le douaire coutumier, le douaire préfix, les gains de service, et autres avantages statuaires, afin que ce travail laisse le moins à désirer. On n'entreprendra cependant pas de faire le partage des successions, le but proposé n'ayant pour objet que de faire connaître les droits dus à l'Etat pour les différentes mutations ; on ne s'étendra pas sur cette partie de liquidation, qui mettrait de la confusion et s'éloignerait de la tâche qu'on s'est imposée.

On a parlé précédemment de l'ouverture et des divers ordres de succession, ainsi que des formalités nécessaires pour parvenir aux déclarations; il est utile d'établir ici des distinctions sur la nature des biens, puisque la loi de frimaire an sept les distingue pour l'application des droits auxquels elle les assujettit. On va rappeler les dispositions du code civil, dont la clarté ne souffre point d'équivoque sur leur classification.

De la distinction des Biens.

Tous les biens sont meubles ou immeubles, dit l'art. 516 du code civil.

Des Meubles.

Les biens sont meubles par leur nature ou par la détermination de la loi. (Art. 527 du code civil.)

Sont meubles par leur nature, les corps qui peuvent se transporter d'un lieu à un autre, soit qu'ils se meuvent par eux-mêmes, comme les animaux, soit qu'ils ne puissent changer de place que par l'effet d'une force étrangère, comme les choses inanimées.

Sont meublés par la détermination de la loi, les obligations et actions qui ont pour objet des sommes exigibles, ou des effets mobiliers, les rentes perpétuelles ou viagères. (Voir au surplus ce qui est dit au chapitre 2 de la distinction des biens, livre 2, titre 1.er du code civil.)

Nota. Sous l'empire de plusieurs coutumes, Paris, Orléans, Maine, Anjou, Bretagne, et toutes coutumes qui ne s'en étaient pas expliquées, et suivant le droit commun, les rentes étaient réputées immeubles. (Pottier, Traité de la communauté.)

Des Immeubles.

Les biens sont immeubles, ou par leur nature, ou par leur destination. (Art. 517 du code civil.)

Les fonds de terre, les bâtimens, les moulins à vent et à eau, sont immeubles. (Art. 518 du code civil.) Livre 2, titre 1.er, chapitre 1.er, y recourir.

Comme on le voit, en matière de déclaration de succession, la distinction des biens est facile à faire ; ainsi, lorsqu'il s'agira de faire la déclaration d'un bien, en examinant sa nature mobiliaire ou immobiliaire, on parviendra facilement à la perception du droit auquel il est assujetti ; on sait que l'on paie davantage pour un bien immeuble que pour un bien meuble ; d'ailleurs, le tarif des droits de

mutation que l'on trouvera dans la suite, mettra les déclarans à même de juger de la différence.

***

Distinction en matière de Communauté des Biens propres et Conquêts.

Il ne suffit pas de savoir, en matière de communauté, que c'est un immeuble dont on doit faire la déclaration. Il faut encore examiner, sur-tout lorsqu'il s'agit d'un conquêt, s'il n'y a pas eu remploi d'immeuble aliéné en faveur de l'un des époux; si ce remploi est régulier par l'acte qui le constitue, ou bien si l'un des époux n'est pas en droit de faire considérer cet immeuble comme propre, ce qui arrive souvent, lorsque cet époux avait déjà un droit indivis dans celui-ci, ou enfin dans le cas d'échange; ce que l'on va dire à cet égard, fera éviter toutes méprises qui, comme on l'a dit précédemment, occasionnent le paiement de droits qui ne sont pas dus, faute par les déclarans de ne pas donner aux receveurs d'enregistrement les éclaircissemens convenables. En effet, le receveur qui reçoit la déclaration, malgré tout le zèle qu'il veut bien y mettre, omet quelquefois de s'éclairer sur ces distinctions qui souvent sont d'une grande importance.

En matière de communauté, le terme de conquêt est opposé à celui de propres.

On entend par conquêts les biens composant la communauté et acquis pendant son cours; et par biens propres, les biens qui appartiennent personnellement à chacun des époux.

Ce terme de propre est bien différent en matière de

communauté, qu'en matière de droit ; on appelle propre, en matière de communauté, tout ce qui n'est pas commun ou entré dans la communauté, tandis qu'en droit, on considère propre ce qui appartient à quelqu'un à titre de succession d'un parent. (Pottier, Traité de la communauté.)

Il n'y a que des acquêts qui puissent être conquêts de la communauté légale; tous les héritages et autres immeubles, qui sont propres en matière de succession, sont aussi toujours propres de cette communauté, quoique les choses qui sont propres de communauté ne soient pas toujours propres en matière de succession.

Les héritages et immeubles, dit M. Pottier, qui sont propres en matière de succession, sont ceux qu'on recueille à titre de succession, ou à un titre équipollent à succession, tels que sont les dons et legs faits à des enfans par leurs père et mère ou autres parens de la ligne directe ascendante, et les accommodemens de famille qui se font entre ces personnes.

Nota. Le code actuel a maintenu tous ces principes.

Les immeubles que les époux possèdent au jour de la célébration du mariage, ou qui leur échoient pendant son cours à titre de succession, donation, legs, leur sont propres et n'entrent point en communauté.

L'immeuble abandonné ou cédé par le père, la mère ou autre ascendant à l'un des deux époux, soit pour le remplir de ce qu'il lui doit, soit à la charge de payer les dettes du donateur à des étrangers, n'entre point en communauté, sauf récompense ou indemnité. (Art. 1406 du code civil.)

L'immeuble acquis pendant le mariage, à titre d'échange contre l'immeuble appartenant à l'un des deux époux, n'entre point en communauté, et est subrogé au lieu et place de celui qui a été aliéné, sauf la récompense, s'il y a soulte. (Art. 1407 du code civil.)

L'acquisition faite pendant le mariage, à titre de licitation ou autrement, de portion d'un immeuble dont l'un des époux était propriétaire par indivis, ne forme point un conquêt, sauf à indemniser la communauté de la somme qu'elle a fournie pour cette acquisition.

Dans le cas où le mari deviendrait seul, et en son nom personnel, acquéreur ou adjudicataire de portion ou de la totalité d'un immeuble appartenant par indivis à sa femme, celle-ci, lors de la dissolution de la communauté, a le choix, ou d'abandonner l'effet à la communauté, laquelle devient alors débitrice envers la femme de la portion appartenante à celle-ci dans le prix, ou de retirer l'immeuble, en remboursant à la communauté le prix de l'acquisition.

On qualifie encore de propre par fiction de subrogation, l'acquisition à titre de remploi d'un immeuble en remplacement d'un autre qui appartenait personnellement à l'un ou à l'autre des conjoints par mariage ; il suffit, à l'égard du mari, que cette déclaration soit expresse dans l'acte d'acquisition, à titre de remploi, et relativement à la femme ; cette déclaration ne suffit pas, si elle n'est acceptée formellement par celle-ci ; alors elle devient seulement créancière, lors de la dissolution de la communauté, du prix de son immeuble vendu. (Art. 1434 et 1435 du code civil.)

Cette distinction dans les biens ainsi établie, dans leur rapport avec ceux qui les possèdent, on va maintenant parler du douaire et de quelques attributions coutumières.

Plusieurs coutumes qui régissaient, avant la promulgation du code civil, une grande partie du territoire français, déterminaient des avantages singuliers entre époux ; la loi du 17 nivose an 2 détruisit l'effet des coutumes ; en cet objet, et depuis sa promulgation, aucun avantage dans l'espèce n'a de force, à moins qu'il ne soit stipulé par acte authentique, tels que contrats de mariages, donations et testamens.

Du Douaire Coutumier.

La femme mariée sous le régime coutumier, acquérait un droit de douaire sur les biens immeubles propres de son mari ; ce douaire consistait en l'usufruit d'une portion des mêmes biens qu'attribuait la coutume du lieu de la situation de ces biens ; on appelait ce douaire, *Douaire Coutumier*.

En pays de droit écrit, on ne connaissait point d'avantages de ce genre ; on attribuait seulement aux veuves un droit qu'on appelait *Droit d'Augment*.

Le douaire coutumier avait lieu en faveur des veuves mariées sous l'empire coutumier, non-seulement quand la communauté avait été par elles acceptée, mais encore quand elles avaient renoncé à la communauté.

Le douaire coutumier, dans la plupart des coutumes, frappait sur tous les immeubles que le mari possédait au moment du mariage, et sur tous ceux qui lui échéaient ou qui lui provenaient en vertu d'un titre antérieur au mariage, qu'ils fussent vendus ou non par le mari, sans le concours de la femme, pendant la durée de la communauté.

Quelques coutumes, lorsque le mari ne possédait pas de biens immeubles lors de son mariage, et qu'il ne lui en était pas venu et échu à titre de succession pendant son cours, accordaient un douaire subsidiaire à la femme, sur les conquêts de communauté; du nombre de ces coutumes, est celle d'Orléans.

Le douaire coutumier, dans plusieurs coutumes, notamment dans celles de Bretagne, du Maine, Anjou, Tours, Normandie, Poitou, Grand-Perche, Picardie, etc., était fixé à la jouissance du tiers des biens y sujets; dans celles de Paris, Orléans, etc., il consistait dans l'usufruit de la moitié des mêmes biens : en d'autres, il était différent. Il est bon de recourir aux coutumes du lieu, sous l'empire desquelles les biens sont situés, parce que ce sont elles qui déterminent la quotité de ce douaire, et les biens qu'elles y assujettissaient.

Douaire Conventionnel ou Préfix.

Il existait une autre espèce de douaire conventionnel, c'était celui qu'établissait le contrat du mariage; il consistait dans une somme une fois payée, ou dans une rente : on l'appelait *douaire préfix*. A défaut de stipulation de ce dernier, dans ce contrat, le douaire coutumier avait lieu, et l'on ne pouvait cumuler les deux à la fois. Dans quelques coutumes, telles que Paris, etc., lorsqu'il existait un douaire conventionnel établi par le contrat de mariage, on ne pouvait demander le douaire coutumier; dans la plupart des autres coutumes, on avait le choix du douaire coutumier, ou du douaire conventionnel ou préfix.

Ne perdons pas de vue qu'il n'y a que les époux mariés sous le régime coutumier qui jouissent des attributs coutumiers ; que, depuis la promulgation de la loi du 17 nivose an 2, ces coutumes sont abolies ; qu'ainsi tous mariages faits après la publication de cette loi, ne sont plus régis par les statuts coutumiers, et que cette loi, ni le code actuel n'accordent aucuns avantages, s'ils n'ont été expressément stipulés par les contrats de mariage, ou s'ils n'ont été faits au cours du mariage, par donation ou testament. Ainsi, tous les avantages accordés aux veuves, par les coutumes, conservent leur force envers celles qui se sont mariées sous le régime coutumier, quoique ces droits ne se soient ouverts qu'après l'abrogation de ces coutumes, et ne s'ouvrent que sous l'empire du code actuel.

Ces principes sont consacrés par la jurisprudence de la cour de cassation. (Décisions des 29 nivose an 6, 27 germinal au 12, 8 et 24 prairial an 13, et 4 août 1806.)

Gains de Survie.

Indépendamment du douaire accordé par les coutumes, soit à la veuve, soit aux enfans, plusieurs coutumes, au nombre desquelles sont celles de Bretagne, du Maine, Anjou, Tours, Loudun, Poitou, etc., accordaient à l'époux survivant, soit au mari ou à la femme, l'usufruit pendant leur vie de la totalité des conquêts de communauté appartenante à la succession du prédécédé; en sorte que la femme, lorsqu'elle survivait à son mari, avait non seulement droit de douaire sur les biens propres de celui-ci y sujets, mais encore droit d'usufruit sur les conquêts de communauté pour la portion appartenante à sa succession.

Ces espèces d'avantages, dans les coutumes sous l'empire desquelles les époux se sont mariés, continuent d'avoir leur exécution, et sont aussi maintenus par la jurisprudence de la cour de cassation, par les décisions précitées.

Outre ces avantages dévolus aux conjoints par mariage, par les coutumes qui suppléaient en cela au silence des parties, à défaut de pacte qui réglât leurs conventions matrimoniales, ils pouvaient disposer en outre par donation ou testament de telle portion de biens dont la coutume permettait la disposition, lesquels avantages, s'ils étaient trop étendus, étaient restreints à la portion dont ces coutumes permettaient la disposition ; il sera, dans ce cas, très-bon d'y avoir recours, pour savoir à quoi devront s'étendre ces espèces d'avantages.

Il en sera de même, lorsque des conjoints mariés sous le régime coutumier, se seront fait, sous l'empire de la loi du 17 nivose, ou du code actuel, des avantages autres que ceux que leur attribuaient les coutumes ; ces avantages seront alors restreints à la portion des biens dont la loi permettra la disposition.

Préciput Conventionnel.

On entend par préciput un avantage stipulé par contrat de mariage, qui permet au survivant de prélever, soit des meubles, soit une somme d'argent sur les biens de la communauté avant le partage.

Les avantages dans l'espèce sont maintenus par le code

civil, et donnent ouverture au paiement du droit de mutation par décès , de la part de celui qui le recueille.

Ce préciput , dans les stipulations de la communauté entre mari et femme , se prélève ordinairement sur la masse commune ; il s'ensuit delà qu'il n'est alors un avantage que pour moitié. On pense, sauf meilleur avis , qu'alors le droit de mutation ne doit frapper que sur ce qui fait l'objet de l'avantage.

Loi du 17 nivose an 2.

La loi du 17 nivose an 2 , qui abrogeait la stipulation des avantages coutumiers, permettait aux époux mariés sous son empire , lorsqu'il existait des enfans de leur union, ou d'un précédent mariage, la disposition de l'usufruit de là moitié des biens du prédécédé en faveur du survivant; cette disposition s'étendait à tous biens sans distinction , effets mobiliers, biens immeubles; pour trancher , ce mot biens embrassait et comprenait les biens de toute espèce du prédécédé. Mais lorsqu'au moment du décès , il n'existait pas d'enfans de leur union , ou d'un précédent mariage , alors les avantages stipulés entre époux, soit par contrat de mariage , soit par donation entre-vifs ou testamentaire , obtenaient leur effet.

Code Civil.

Le code civil étendit ces avantages entre époux , lorsqu'il existait des enfans de leur union, à un quart de tous les biens en propriété , et un autre quart en usufruit ; ou bien à l'usufruit de la moitié de tous les biens, comme disposait la loi de nivose an 2. (Art. 1094 du code civil.)

Suivant le même code, l'époux qui a des enfans d'un premier mariage, ne peut disposer en faveur de son conjoint avec qui il convole en second mariage , que d'une part d'enfant le moins prenant [c'est-à-dire , que s'il existe quatre enfans , il ne peut disposer que d'un cinquième], sans que , dans aucun cas , la disposition puisse excéder le quart des biens. [Art. 1098 du code civil.]

Le même code dit encore , article 1094 , que l'époux, soit par contrat de mariage, soit pendant le mariage, pour le cas où il ne laisserait pas d'enfans ou descendans , pourra disposer en faveur de l'autre époux , en propriété , de tout ce dont il pourrait disposer en faveur d'un étranger, et en outre de l'usufruit de la totalité de la portion dont la loi prohibe la disposition au préjudice des héritiers.

Tels sont les avantages qui peuvent intéresser les conjoints par mariage ; on va de même rapporter les autres articles du code civil relativement aux biens dont il permet la disponibilité.

Les libéralités soit par acte entre-vifs, soit par testament, ne pourront excéder la moitié des biens du disposant, s'il ne laisse à son décès qu'un enfant-légitime ; le tiers, s'il laisse deux enfans ; le quart, s'il en laisse trois ou un plus grand nombre. (Art. 913 du code civil.)

Sont compris dans l'article précédent, sous le nom d'enfans, les descendans en quelque degré que ce soit ; néanmoins ils ne sont comptés que pour l'enfant qu'ils représentent dans la successsion du disposant. (Art. 914 du code civil.)

Les libéralités par acte entre-vifs ou par testament, ne pourront excéder la moitié des biens, si, à défaut d'enfant, le défunt laisse un ou plusieurs ascendans dans chacune des lignes paternelle et maternelle, et les trois quarts, s'il ne laisse d'ascendans que dans une ligne.

Les biens ainsi réservés au profit des ascendans, seront par eux recueillis dans l'ordre où la loi les appelle à succéder. (Art. 9ι5 du code civil.)

A défaut d'ascendans et de descendans , les libéralités par actes entre-vifs ou testamentaires, pourront épuiser la totalité des biens. (Art 916 du code civil.)

Si la disposition par actes entre-vifs , ou par testament, est d'un usufruit ou d'une rente viagère , dont la valeur excède la quotité disponible , les héritiers au profit desquels la loi fait une réserve , auront l'option ou d'exécuter cette disposition , ou de faire l'abandon de la propriété de la quotité disponible. (Art. 917 du code civil.)

La quotité disponible pourra être donnée en tout ou en partie , soit par actes entre-vifs, soit par testament , aux enfans ou autres successibles du donateur, sans être sujette à rapport , pourvu que la disposition ait été faite expressément à titre de préciput et hors part. (Art. 919 du code civil.)

Les dispositions soit entre-vifs, soit à cause de mort, qui excéderont la quotité disponible , seront réductibles à cette quotité , lors de l'ouverture de la succession. (Art. 920 du code civil.)

Le mineur parvenu à l'âge de seize ans , ne pourra disposer que par testament , et jusqu'à concurrence seulement de la moitié des biens dont la loi permet au majeur de disposer. (Art. 904 du code civil.)

Des dispositions permises en faveur des petits enfans du donateur ou testateur.

Les biens dont les père et mère ont la faculté de dis-

(31)

poser , pourront être par eux donnés en tout ou en partie
à un ou plusieurs de leurs enfans , par actes entre-vifs ou
testamentaires , avec la charge de rendre ces biens aux
enfans nés et à naître , au premier degré seulement desdits donataires. (Art. 1048 du code civil.)

Sera valable, en cas de mort sans enfans , la disposition
que le défunt aura faite par actes entre-vifs ou testamentaires au profit d'un ou plusieurs de ses frères ou sœurs, de
tout ou partie des biens qui ne sont point réservés par
loi dans sa succession , avec la charge de rendre ces
biens aux enfans nés et à naître au premier degré seulement. [Art 1049 du code civil.]

Les dispositions permises par les deux articles précédens
ne seront valables qu'autant que la charge de restitution
sera au profit de tous les enfans nés et à naître du grevé,
sans exception ni préférence d'âge ou de sexe. (Art. 1050
du code civil.)

Si , dans le cas ci-dessus, le grevé de restitution au profit
de ses enfans meurt, laissant des enfans au premier degré
et des descendans d'un enfant prédécédé , ces derniers
recueilleront , par représentation , la portion de l'enfant
prédécédé. [Art. 1051 du code civil.]

Si l'enfant , le frère ou la sœur auxquels des biens
auraient été donnés par actes entre-vifs , sans charge de
restitution, acceptent une nouvelle libéralité faite par acte
entre-vifs ou testamentaire, sous la condition que les biens
précédemment donnés demeureront grevés de cette charge,
il ne leur est plus permis de diviser les deux dispositions
faites à leur profit , et de recourir à la seconde pour s'en
tenir à la première, quand même ils offriroient de rendre

les biens compris dans la seconde disposition. (Art. 1052 du code civil.)

Les droits des appellés seront ouverts à l'époque où , par quelque cause que ce soit , la jouissance de l'enfant, du frère ou de la sœur grevé de restitution cessera : l'abandon anticipé de la jouissance au profit des appelés ne pourra préjudicier aux créanciers du grevé antérieurs à l'abandon. (Art. 1053 du code civil.)

Des partages faits par père , mère , ou autres ascendans , entre leurs descendans.

Les père et mère et autres ascendans pourront faire entre leurs enfans et descendans la distribution et le partage de leurs biens. (Art. 1075 du code civil.)

Ces partages pourront être faits par actes entre-vifs ou testamentaires , avec les formalités , conditions et règles prescrites pour les donations entre-vifs et testamens. (Art. 1076 du code civil.)

Les partages faits par actes entre-vifs ne pourront avoir pour objet que les biens présens.

Si tous les biens que l'ascendant laissera au jour de son décès n'ont pas été compris dans le partage , ceux de ces biens qui n'y auront pas été compris seront partagés conformément à la loi. (Art. 1077 du code civil.)

Si le partage n'est pas fait entre tous les enfans qui existeront à l'époque du décès , et les descendans de ceux prédécédés , le partage sera nul pour le tout ; il en pourra être provoqué un nouveau dans la forme légale , soit pour les enfans ou descendans qui n'y auront reçu aucune part; soit même par ceux entre qui le partage aurait été fait. (Art. 1078 du code civil.)

On a omis de donner des éclaircissemens en ce qui concerne les absens ; pour remédier à cette omission , nous dirons ici que les droits de mutation sont acquis à l'état, et sont dus , dans les six mois qui suivent le jugement portant envoi en possession provisoire de leurs biens , au profit de leurs héritiers , et lorsque ces héritiers vendent les biens de ces absens sans en être investis par l'autorité judiciaire. Ce délai expiré, ils se rendent, à défaut de paiement, passibles , avec le droit dû , d'un demi-droit en sus de ce droit. Les règles établies pour les omissions et les insuffisances dans l'estimation des biens, leur sont également applicables.

On observe ici qu'une déclaration de succession ne pouvant être considérée comme acte public , et n'étant faite que dans l'intérêt de l'état et non dans celui des déclarans, les héritiers peuvent, lorsqu'ils déclarent des biens qui leur sont échus , énoncer des actes sous signatures privées , portant obligation de sommes ou constitutions de rentes , sans que les receveurs soient fondés à réclamer les droits d'enregistrement de ces actes : *solution de l'administration , du 24 pluviose an 12.*

Voilà, ce nous semble, toutes les dispositions qui peuvent donner occasion au paiement des droits de mutations. La seconde partie de cet ouvrage va nous présenter des exemples de liquidation e des remarques dans le sens des principes que nous venons de proposer.

FIN DE LA PREMIÈRE PARTIE.

SECONDE PARTIE.

LOI DU 22 FRIMAIRE AN 7.

Tarif des droits de mutation par décès.

Sont passibles du droit :

1.º *De 25 cent. par cent francs :*

Les mutations par décès de mobilier en propriété et usufruit dans les lignes directes ascendantes et descendantes, quel que soit le titre en vertu duquel elles proviennent. (Titre 7, paragraphe 1.ᵉʳ, nombre 3.)

2.º *De 62 cent. 1/2 par cent francs :*

Les mutations par décès de mobilier en propriété et usufruit, entre époux.

3.º *De 1 fr. par cent francs :*

Les mutations par décès en propriété et usufruit d'immeubles, dans les lignes directes ascendantes et descendantes, quel que soit le titre en vertu duquel elles proviennent.

4.º *De 1 fr. 25 cent. par cent francs :*

Les mutations par décès en propriété et usufruit de mobilier, dans la ligne collatérale, et entre personnes non parentes. (Titre 7, paragraphe 4, nombres 1.ᵉʳ et 2.ᵉ)

5.º *De 2 fr. 50 cent. par cent francs :*

Les mutations par décès entre époux , d'immeubles en propriété et usufruit. (Titre 7, paragraphe 6 , nombre 3.)

6.° *De 5 fr. par cent francs :*

Les mutations par décès d'immeubles en propriété et usufruit, qui s'ouvrent au profit des collatéraux ou de personnes non parentes.

Modifications apportées au Tarif qui précède , par la loi du 28 avril 1816.

LOI DU 28 AVRIL 1816.

Le droit de *62 cent. 1/2 par cent fr.* , établi au précédent tarif pour les mutations en propriété et usufruit de mobilier entre époux , est , par la loi du 28 avril 1816 , fixé à *1 fr. 50 cent. par cent francs.*

Le droit de *2 fr. 50 cent. par cent francs* , établi au même tarif , pour les mutations en propriété et usufruit de biens immeubles entre époux , est , par la même loi d'avril 1816 , fixé à *3 fr. par cent francs.*

Le droit de *1 fr. 25 cent. par cent francs.* , établi pour les mutations en propriété et usufruit de biens meubles ou mobilier dans la ligne collatérale , est , par ce nouveau tarif , fixé à *2 fr. 50 cent. par cent francs.*

Le droit de *1 fr. 25 cent. par cent francs.* , aussi établi pour les mutations par décès en propriété et usufruit de mobilier , entre personnes non parentes , est , par le nouveau tarif, fixé à *3 fr. 50 cent. par cent francs.*

Enfin le droit de *5 fr. par cent francs,* fixé pour les mutations par décès en propriété et usufruit de biens immeubles entre personnes non parentes ou étrangères, est porté par le nouveau tarif à *7 fr. par cent francs.*

Toutes les autres dispositions du tarif fixé par la loi du 22 frimaire an 7, étrangères aux modifications établies par la loi du 28 avril 1816, sont maintenues. Ainsi, dans la ligne directe, le droit sur le mobilier continuera d'être perçu sur le pied de 25 cent. par cent fr., et sur les immeubles, à raison de 1 fr. par cent fr. ; et en ligne collatérale, pour les immeubles, il reste fixé à 5 fr. par cent francs.

Remarques essentielles pour l'application des Droits.

Il est de principe reconnu par la loi du 22 frimaire an 7, auquel il n'a été dérogé par aucune loi postérieure, qu'en matière de mutation par décès de biens meubles ou immeubles, quel que soit le titre en vertu duquel on recueille des droits successifs, les droits tels qu'ils sont tarifés, en observant les changemens établis par la loi du 28 avril 1816, s'appliquent et se perçoivent :

1.º Quant au mobilier dont la propriété et l'usufruit sont réunis, sur le montant de l'estimation ; si l'usufruit en était séparé, cela n'empêcherait pas que le droit pour la nue propriété ne fût dû, comme si l'usufruit y était joint ; l'usufruitier, de son côté, doit acquitter les droits sur le capital au denier dix de l'estimation ; et, comme la loi la considère comme faite au denier vingt, la moitié de l'estimation mobilière en formera l'usufruit.

2.º Quant aux immeubles, il en est de même, si la nue,

propriété est dévolue seulement ; celui à qui elle sera dévolue, acquittera les droits, comme si l'usufruit n'en était pas séparé. Les droits se perçoivent sur le capital au denier vingt des revenus déclarés. Si l'usufruit est légué à part, ou en est séparé par l'effet de la loi ou d'une convention, les droits pour cet usufruit sont dus sur le capital au denier dix des revenus déclarés.

Lorsque l'on a établi la perception du droit, on ajoute le dixième en sus de ce droit, d'après la loi du 6 prairial an 7. Ce dixième était autrefois considéré comme subvention de guerre ; il est maintenu par la loi du 28 avril 1816. Ainsi, lorsqu'un droit s'élèvera à 10 francs, ou ajoutera le dixième, qui est de 1 fr., ce qui portera le droit en totalité à 11 fr., comme on le verra dans les règles qui vont suivre.

Pour éviter toute fraction de centimes, le droit s'établit par série de 20 fr. en 20 fr., si bien que, lorsque le capital sur lequel on le perçoit n'atteint pas cette série, on la complette toujours. Ainsi, par exemple, si un capital mobilier ou immobilier n'est que de 601 fr., on perçoit le droit comme s'il y avait 620 fr.

Maintenant on va établir des exemples de déclarations de droit de mutation par décès.

I.   EXEMPLE.

Succession ouverte en ligne directe descendante, d'époux dont l'un est prédécédé.

Jules Cheron est décédé ; ses héritiers directs sont Paul et Arsène Cheron, ses deux enfans. Il existe, dans la succession Cheron, du mobilier, des biens immeubles propres et acquis au cours de la communauté qui exista entre lui et feue son épouse. Les héritiers Cheron étant majeurs, n'ont point fait faire d'inventaire après son décès, mais ils ont fait dresser un état estimatif du mobilier qu'ils ont recueilli.

Il résulte de cet état estimatif, détaillé article par article, évalué de même, que le mobilier pré-   f. c.
sente une valeur de douze mille francs, ci. . 12000   »

D'après le tarif de la loi du 22 frimaire an 7, maintenu pour les mutations par décès de mobilier en ligne directe, le droit de 25 c. par 100 f. est dû sur cette valeur de douze mille f.; ce qui produit au gouvernement un droit montant à trente fr., ci. . .   30 »

Biens propres de cette succession.

Une maison située à Paris, rue Fénélon, non louée, d'un produit annuel de quatre cents f., toutes charges comprises, ci. . . . . 400 »

Conquéts de communauté.

Une autre maison située à Paris, même rue, louée par bail notarié, six cents f. par an, sans autres charges additionnelles de ce revenu. Comme cet immeuble est un conquêt de communauté, et qu'il n'en appartient que moitié à la succession Cheron, cette moitié pour cette succession donne trois cents f. de revenu, ci. . . . 300 »

Il n'existe et ne dépend aucuns autres biens de cette succession.

Les revenus des biens propres et conquêts cumulés, offrent un produit annuel de sept cents f., ci. 700   »

Lequel revenu annuel capitalisé au denier vingt, donne un principal de quatorze mille f., ci. 14000   »

La loi du 22 frimaire an 7 fixe à 1 f par 100 f. le droit dû pour les mutations par décès de biens immeubles dans la ligne directe. Celle du 28 avril 1816 n'ayant rien changé dans ce tarif quant à cette disposition, en faisant l'application du droit sur ce capital de 14000 f., on voit qu'il est dû au gouvernement une somme de cent qua-   f. c. rante francs, ci. 140   »

Résumé des droits dus par les héritiers Cheron.

Le droit dû sur le mobilier est de, ci. - 30   »

Celui dû pour les immeubles est de, ci. 140   »

TOTAL. 170   »

On ajoute le dixième en sus de cette somme, qui est de, ci. . . . 17   »

Partant, on trouve qu'il est dû pour tous droits la somme de cent quatre-vingt-sept f., ci. 187   »

Il est dû, en outre, les frais du timbre de la quittance de ces mêmes droits.

II.e EXEMPLE.

Succession ouverte en ligne directe descendante, d'époux mariés sous le régime coutumier.

Paul Gesner est décédé, laissant Rosalie Rivault, son épouse, avec trois enfans issus de ce mariage, dont un est en minorité. Les époux se sont mariés sous l'empire de la coutume du Maine, leurs biens y sont situés; ils n'ont pas fait de contrat de mariage; alors il a existé entre eux une communauté de biens d'après l'esprit de cette coutume. Le défunt avait des biens propres; il a acquis, pendant son mariage, à titre de licitation, des biens qui lui en tiennent nature, sauf la récompense due à la communauté. Il dépend de la communauté du mobilier et des conquêts immeubles. Il a été fait inventaire notarié après ce décès.

Cet inventaire, dans sa récapitulation, établit :

1.º Une valeur de dix mille f. en estimation de meubles et effets, ci. 10000   »

2.º Des créances par obligation et sans titres, pour une valeur de quatre mille francs, ci. .   4000   »

3.º En argent monnayé, une somme de deux mille francs, ci.   2000   »

4.º De l'argenterie, pour une estimation de mille francs, ci.   1000   »

5.º Une rente constituée de vingt francs, acquise au cours de la communauté, dont le capital au denier vingt est de quatre cents f.,   400   »

NOTA. Toutes les rentes doivent figurer en capital, sur le pied du denier vingt, comme les immeubles.

                            TOTAL. 17400   »

f.   c.

Report. 17,400   »

On doit toujours détailler et classer séparément, comme on a l'habitude de le faire dans les inventaires, ces différentes valeurs mobilières, parce que la déclaration exige ce détail.

6.º Enfin on ajoute la récompense due à la communauté de la somme qui en a été tirée, pour l'acquisition de l'immeuble par licitation, qui est, on le suppose, de trois mille francs, ci.   3000   »

Cette série de valeurs mobilières offre un total de vingt mille quatre cents francs, ci. . 20,400   »

Comme la veuve Gesner, commune en biens avec son mari, est fondée en cette qualité pour moitié dans cette masse, le droit dû au gouvernement ne frappe pas sur cette moitié, mais bien sur celle échue aux héritiers de son mari, laquelle moitié est de dix mille deux cents francs, ci. 10,200   »

La loi de frimaire an 7, comme on l'a déjà dit, assujettit au droit de 25 cent. par cent francs, le mobilier échu en ligne directe. En faisant ainsi l'application du droit, on trouve que 10,200 fr. donnent ouverture à un droit montant à vingt-cinq francs cinquante centimes, ci. 25   50

On observe ici que, si la veuve Gesner avait renoncé à la communauté, cette masse mobilière de 20,400 fr. appartiendrait en totalité à la succession de son mari ; alors le droit serait dû sur cette masse entière, ce qui doublerait la perception que l'on vient d'établir, quelles que fussent les allégations de reprises, remplois ou récompenses auxquels la renonçante prétendrait avoir droit.

Les biens immeubles consistent dans :

Biens propres du Défunt.

1.º La métairie des Esnandières, située à Beaumont-sur-Sarthe, affermée par bail, ou sans bail, (produire le bail, s'il en existe,) au Sieur Julien Desnoes, moyennant un fermage annuel de mille francs, des charges et subsides évalués à deux cents francs, et, en outre, à la charge de l'impôt, lequel impôt s'établit ordinairement et d'après la loi du 22 frimaire an 7, sur le pied du quart en sus du fermage annuel, et des charges et subsides y réunis, à défaut de représentation du certificat du percepteur qui en établit la quotité ; en sorte que mille francs de fermage principal, et deux cents francs de charges et subsides, font douze cents francs ; à quoi ajoutant pour l'impôt le quart en sus, qui est de trois cents francs, cela porte la ferme à un produit annuel de quinze cents francs,   f.   c.
toutes charges et impôts compris, ci. 1500 »

2.º Une maison située à Saint-Jean-d'Assé, louée verbalement la somme de trois cents francs par an, sans impôts, ci. . . . . .   300 »

Ce sont les seuls biens propres dépendans de la succession Gesner, dont les revenus offrent un total de dix-huit cents francs, ci . .   1800 »

Le capital au denier vingt de ces revenus, car c'est toujours sur ce capital que s'établit

l'assiette du droit dû à l'Etat, est de trente- f. e·
six mille francs, ci. . . . . 36,000 »

Passons de là à la déclaration des conquêts
de communauté.

$$\text{Total.} \ldots \ldots 36{,}000 \quad »$$

Conquêts de Communauté.

Ils consistent :

1.º Dans le lieu du Bois, situé
commune de Marêché, affermé sans
bail, au nommé Chartier, pour qua·
tre cents francs de ferme, sans subsides, ni autre charge, que celle d'acquitter l'impôt, de manière qu'en
ajoutant le quart en sus du revenu
pour tenir lieu de l'impôt, faute
de représentation de l'extrait du
rôle qui l'établit, le revenu annuel est de cinq cents francs, ci. 500 »

2.º Une prairie située à Ségrie,
louée par bail notarié (en faire
la représentation), au nommé
Lambert, moyennant un loyer
annuel de trois cents francs, des
charges et subsides évaluées vingt
francs, l'impôt à la charge du
propriétaire, en tout trois cent
vingt francs, ci. . . . . . . 320 »

Total des revenus conquêts,
huit cent vingt francs, ci. . . 820 »

f.　　e

Report. . . 36,000　　》

La veuve Gesner, commune en biens avec son mari, est fondée pour moitié dans les conquêts, comme ayant accepté la communauté; car, dans le cas contraire, elle n'y aurait aucun droit, et la totalité de ces conquêts appartiendrait à la succession de son mari, sauf le droit de reprises et remplois, comme on l'a déjà observé, lorsqu'il s'est agi du mobilier; la veuve Gesner serait encore privée du droit de jouir en usufruit des conquêts que lui accorde la ci-devant coutume du Maine; seulement elle serait fondée à prétendre le douaire sur les biens immeubles propres de la succession de son mari. On suppose donc l'acceptation de la communauté; et dans ce sens, la succession du mari est fondée à prétendre moitié seulement dans les biens conquêts de communauté, laquelle moitié produit quatre cent dix francs de revenu, ci. , ... 410　》

Lequel revenu capitalisé au denier vingt, donne huit mille deux cents francs, çi. . 8,200　》

Ainsi, en admettant l'état des choses tel qu'il vient d'être présenté, et en résumant les capitaux tant des biens propres que des

(45)

biens conquêts appartenant à la succession
Gesner, ils forment un capital général de ——————
quarante-quatre mille deux cents francs, ci 44,200   »

Sur lequel capital de 44,200 fr., le droit
est dû à raison de 1 fr. par 100 fr., comme mutation par décès de biens immeubles en ligne
directe, ce qui produit un droit montant à quatre cent quarante-deux francs, ci.   442   »

Résumé des Droits dus par les Héritiers en ligne directe
Gesner.

Le droit dû pour le mobilier est
   de, ci.   25   5o
Celui dû sur les immeubles est de, ci.   442   »

                Total. . . .   467   5o

A quoi ajoutant le dixième de ces
   droits qui, sur 467 fr. 5o cent.,
   est de, ci.   46   75

Partant, il est dû au gouvernement en totalité, la somme de
   cinq cent quatorze fr. vingt-
   cinq centimes, ci.   514   25

III.ᵉ Exemple.

Succession entre époux Gesner.

On vient de présenter la liquidation des droits dus
au gouvernement par les enfans Gesner, pour les biens
qui leur sont échus de la succession de leur père; il

s'agit maintenant d'établir ceux qui sont dus par la veuve Gesner, tant à cause du douaire qui lui est acquis sur les biens propres de succession de son mari, parce qu'elle s'est mariée sous le régime coutumier, que pour le gain de survie que lui attribue sur les conquêts de communauté la ci-devant coutume du Maine.

La ci-devant coutume du Maine, comme on l'a dit, lorsqu'il a été question du douaire, accorde à la veuve survivante qui s'est mariée sous son empire, qu'il existe ou non des enfans du mariage, le droit de jouir pendant sa vie, à titre d'usufruit, du tiers des biens immeubles propres de la succession de son mari.

Ce douaire, dans l'hypothèse de l'exemple précédent, frapperait sur le revenu de dix-huit cents francs, à quoi s'élèvent les biens de cette nature; le tiers duquel revenu, dont la veuve aurait l'usufruit,

	f.	c.
se monterait, par conséquent, à six cents fr., ci.	600	»
La même coutume du Maine, article 299, accorde à la veuve survivante, qu'il existe ou non des enfans du mariage, le droit de jouir, pendant sa vie, de la totalité des conquêts de communauté dépendans de la succession de son mari; et ces conquêts figurant dans le précédent exemple pour un revenu de quatre cent dix francs, ci.	410	».

il en résulterait que la veuve Gesner, d'après les attributs cou-

tumiers du Maine, serait fondée   f.   c.
à jouir, pendant sa vie, d'un
revenu de mille dix francs, tant
sur les propres de succession, que
sur les conquêts de communauté, ci. 1,010   »

On a dit que la loi du 22 frimaire an 7
établissait en principe, que toute mutation
par décès en usufruit se capitalisait au denier
dix, et que, pour les mutations de biens immeubles entre époux, le droit dû au gouvernement ayant été modifié par celle du
28 avril 1816, a été fixé à trois francs par
cent francs. En opérant ainsi, on verra que
le revenu de mille dix francs produira au
denier dix un capital de dix mille cent f., ci. 10,100   »

Et un droit à raison de 3 fr.
par 100 fr., qui s'élèvera à trois   f.   c.
cent trois francs, ci.   303   »

Ajoutez le dixième en sus de
ce droit, qui est de trente francs
trente centimes, ci.   30   30

───────────

Il sera donc dû en totalité par
la veuve Gesner, pour la transmission en usufruit opérée en sa
faveur, par le décès de son mari,
trois cent trente-trois francs trente
centimes, ci.   333   30

En outre, il sera dû les frais de timbre de la quittance
de ces droits : on le dit ici, pour ne plus le rappeler,

lorsqu'un droit excède dix francs, le droit de timbre de la quittance se paie.

IV.ᵉ Exemple.

Modification de l'exemple précédent.

Succession entre époux Gesner.

Si la veuve Gesner avait renoncé à la communauté qui a existé entre elle et son mari, elle n'eût été fondée qu'à prétendre le douaire sur les biens propres de succession de son mari ; en conséquence, elle ne devrait au gouvernement les droits que pour ce douaire, qui, étant, d'après le revenu proposé dans l'exemple précédent, de six cents francs, ci. . . . 600 »

aurait produit un capital au denier dix de six mille francs, ci. . . . . 6,000 »

Et un droit à raison de 3 fr. par 100 fr., qui se serait élevé à cent quatre-vingts francs, ci. . 180 »

A quoi ajoutant le dixième montant à dix-huit francs, ci. . . 18 »

Partant, elle aurait seulement dû cent quatre-vingt-dix-huit f. ,ci. 198 »

Mais aussi, on l'observe encore, les héritiers directs Gesner auraient acquitté les droits,

1.ᵉʳ Sur la totalité du mobilier montant en capital, à . . . . .20,400 »

dont le droit à raison de 25 cent. par 100 f., aurait monté à, ci. . 51 »

f. c.

2.° Sur le capital des biens propres, établi plus haut à trente-six mille fr., ci. . 36,000 »

3.° Sur le capital des conquêts de communauté, qui, au lieu de 8,200 fr., aurait été de seize mille quatre cents fr., ci. . . 16,400 »

CAPITAUX des biens immeubles en totalité, ci. 52,400 »

Dont le droit, à raison de 1 fr. par 100 fr., aurait monté à cinq cent vingt-quatre fr., ci. . 524 »

Ajoutons le droit sur le mobilier, montant à . . . . . . 51 »

TOTAL. . . . 575 »

Plus, ajoutons le dixième, qui est de, ci. 57 50

Les héritiers directs auraient alors dû, ci. 632 50

Remarque sur les avantages entre Epoux.

Il est bon de dire ici que la veuve ne peut exercer don et douaire sur les biens de son mari. Ainsi, quelqu'avantage qu'il plût au mari faire à son épouse, indépendamment du douaire, lorsque la coutume le lui accorde, la veuve aura seulement le choix d'opter pour la donation, ou pour le douaire. Les coutumes de Bretagne, d'Anjou, du Maine, de Touraine, de Poitou, etc., s'en expliquent formellement. Toutes les coutumes qui ne s'en sont pas expliquées, dit M. Pottier, dans son Traité du Douaire, admettent qu'on puisse cumuler le don et le douaire ; celle de Paris permet la réunion des deux avantages : or , comme les coutumes sont des statuts réels , il s'ensuivrait que , si une pareille disposition avait lieu en faveur d'un époux, sous l'empire d'une coutume qui ne permet pas la cumulation des deux avantages; et que les biens seraient situés dans celle qui le permet, par exemple , celle de Paris, le conjoint aurait droit au don et douaire , sur les biens situés dans le ressort de cette dernière coutume.

Autre Remarque.

Dans le sens opposé au deuxième exemple , supposons que la femme Gesner fût décédée la première, son mari survivant , qu'il existât ou non des enfans du mariage , aurait comme elle le droit dejouir pendant sa vie des con-quêts de communauté ; c'est un principe consacré par les coutumes du Maine, Bretagne, Anjou , Poitou , etc. , que le survivant des epoux mariés sous leur empire a droit de prétendre cet usufruit des biens conquêts de communauté appartenant à la succession du prédécédé.

V.^e E x e m p l e.

Succession entr'époux Gesner , dans ce sens que le douaire est conventionnel et non coutumier.

Si , au lieu d'un douaire coutumier, Gesner , par son contrat de mariage, avait assigné à son épouse un douaire consistant, soit dans une rente viagère, soit dans une somme d'argent une fois payée , dans plusieurs coutumes , et notamment dans celles du Maine, de Bretagne, d'Anjou,

de Normandie, de Tours, Poitou, et autres, la veuve avait
le choix ou d'accepter le douaire conventionnel, ou de s'en
tenir au douaire coutumier. Plusieurs de ces coutumes
ne permettaient pas que le douaire conventionel excédât
le douaire coutumier ; celles de Paris, Orléans, Blois
et un très-grand nombre d'autres, établissaient que lorsqu'une femme était douée du douaire préfix, elle ne
pouvait demander le douaire coutumier. Il sera bon de
consulter ces coutumes, pour savoir à quoi s'en tenir à
cet égard ; d'ailleurs ceci est assez indifférent à l'exemple
qu'on veut proposer ; les jurisconsultes et les avocats con-
sultés, donneront les explications convenables. Revenons
à notre proposition, et disons que la veuve Gesner, mariée
sous l'empire de la coutume du Maine, ou si l'on veut,
de celle de Paris, a été douée d'un douaire préfix, consistant dans une rente viagère de quatre cents francs, et qu'elle
s'en soit tenue à cette espèce de douaire, cette rente viagère
capitalisée au denier dix, donnerait quatre   f.   c.
mille francs, ci. 4000   »

Dont le droit serait dû à raison de 1 f. 50 cent. par 100
f., comme avantage mobilier entre époux; ainsi, ce capital
de 4,000 fr. donnerait ouverture   f.   c.
à un droit montant à soixante f., ci.   60   »

En outre, il faudrait ajouter le
dixième, qui est de six fr., ci.   .   6   »
                                    ____
Il serait donc dû en totalité au
gouvernement, pour le douaire pré-
fix de la veuve Gesner, ci.   66   »

Si, au lieu d'une rente viagère, le douaire préfix
consistait en une somme d'argent une fois payée, le
droit sur le capital serait perçu sur le pied de 1 fr.

5o cent. par 1oo fr. Ainsi, si le capital se montait à quatre mille francs, il serait dû, comme dans notre dernière liquidation, un droit, dixième compris, qui s'élèverait à soixante-six francs, ci. .   f.   c.
66   »

Le dernier exemple, et ce qui précède, n'ont été proposés que pour faire voir la différence qui existe dans l'application des droits. S'agit-il d'un douaire, ou d'un avantage qui repose sur du mobilier ? Le droit n'est dû que comme mutation mobilière. S'agit-il d'immeubles ? le droit doit être acquitté tel qu'il est dû pour les immeubles.

Les exemples qu'on vient d'offrir sous les séries 2, 3 et 4, et les remarques additionnelles sous les modifications établies, sont suivis dans le ressort des ex-coutumes du Maine, d'Anjou, Bretagne, Poitou; ils ne diffèrent que pour le douaire, dans le ressort des ex-coutumes de Paris, Orléans, etc., lequel douaire, quant à ces dernières coutumes, est fixé, à moins de convention contraire, à l'usufruit de la moitié des biens immeubles propres de succession.

VI.ᶜ Exemple.

Succession ouverte en ligne directe descendante d'époux marié sous le régime coutumier, lorsqu'il existe des enfans du mariage, et que les époux se sont fait donation de ce dont le Code actuel permet de disposer.

Antoine Bertin est décédé; son épouse, Marie Aymer lui a survécu; deux enfans sont issus de leur mariage

qu'ils ont contracté sous l'empire de la coutume de Bretagne. Bertin, par son testament, a disposé en faveur
de son épouse, des biens dont le code civil lui permettait la disposition ; il dépend de cette succession, du mobilier, des biens immeubles propres de succession et
des conquêts de communauté : la veuve Bertin a accepté
la communauté.

L'inventaire fait après le décès de Bertin, comprend
une masse mobilière, tant en argent, effets mobiliers,
créances actives, etc., d'une va-   f.   c.
leur de six mille fr., ci. . . . 6,000   »

La veuve survivante veut profiter des effets attachés
à la donation que lui a faite son mari, *dans toute
leur étendue*. Nous disons dans toute leur étendue,
parce que les termes dans lesquels est conçue la donation, n'expliquent pas d'une manière précise si
la donation est d'un quart en propriété, et d'un
autre quart en usufruit, ou bien de la moitié des
biens en usufruit seulement ; la veuve Bertin pouvait
donc modifier l'étendue de la disposition, et n'en profiter qu'en usufruit seulement. Nous dirons donc, pour
trancher la question, qu'elle a voulu ce qui était le
plus avantageux ; alors, elle a droit, non seulement
à la moitié de cette valeur mobilière, comme ayant
été en communauté de biens avec son mari, mais elle est
fondée, d'après les dispositions de l'article 1094 du code
civil, à prétendre un quart en propriété, et un autre
quart en usufruit dans tous les biens qui composent la
succession de son mari, sans distinction de nature,
meubles et immeubles.

Il résulte donc que, distraction faite de ce quart en

usufruit, sur la somme de trois mille francs qui appartient à la succession du mari, pour sa moitié dans la masse mobilière, il ne reste aux enfans Bertin, comme héritiers de leur père, qu'un capital de deux mille deux cent cinquante fr.,   f. c,
ci. 2,250   »

Sur lequel capital de 2,250 fr., 750 fr. sont encore grevés de l'usufruit de la veuve Bertin, conformément à la donation; mais cela n'empêche pas que le droit ne soit dû au gouvernement, comme si cette somme de 750 fr. fût exempte et liquide de cet usufruit.

Ainsi, le droit dû au gouvernement, sur le capital mobilier de 2,250 fr. appartenant aux héritiers directs Bertin, à raison de 25 cent. par 100 fr.,   f. c.
s'élève à cinq francs soixante-cinq centimes, ci.   5   65

Immeubles propres.

Ils consistent dans:

Une maison située à Nantes, rue Crébillon, d'un produit annuel de six cents fr. non louée, ci.   600 f. »

De cet immeuble, il en appartient à la veuve Bertin, par l'effet de la donation testamentaire, un quart en propriété, et un autre quart en usufruit; de manière que les héritiers directs Bertin n'ont droit de prétendre, dans cet objet, que les trois quarts en propriété, dont un quart est encore grevé de l'usufruit de la veuve.

En sorte que les droits qu'ont les enfans Bertin, dans la succession de leur père, pour cette maison, se réduisent à un revenu annuel de quatre cent cinquante

francs , sauf encore l'usufruit de la veuve , de 150 fr. de ce revenu qui, comme on l'a déjà observé , n'empêche pas que le droit ne soit dû à l'Etat,   f.   c.
comme s'il n'en fût pas grevé , ci. 450   »

Le capital au denier vingt de ce revenu de quatre cent cinquante francs, est de neuf mille fr., ci. 9,000   »

Conquêts immeubles.

Ils consistent aussi dans :

Une maison et dépendances, située à Nantes, place Graslin, produisant un reve-   f.   c.
nu annuel de deux mille francs, ci. 2,000   »

La veuve Bertin , comme ayant été en communauté de biens avec son mari, est fondée pour moitié dans cet immeuble.

Les héritiers du mari y sont également fondés pour moitié, ce qui, pour cette moitié, donne un revenu de mille francs, ci. . 1,000   »

Mais, la donation testamentaire faite par le sieur Bertin à son épouse , fait que celle-ci est fondée à prétendre un quart en propriété, et jouissance de cette moitié, et au lieu d'un autre quart en usufruit , elle a droit à l'usufruit des trois autres quarts, suivant les statuts de la coutume de Bretagne ;

f.   c.

Report. . . . 9,000 »

ces deux autres quarts en plus lui sont dévolus à titre de gain de survie ; ainsi, les héritiers Bertin sont fondés seulement à recueillir, quant à présent, la nue propriété des trois quarts de la maison située place Graslin, pour la portion appartenant à leur père, dans cette maison, ce qui donne un revenu de sept cent cinquante fr., ci .   750 »

Produisant au denier vingt un capital montant à quinze mille francs, ci . . . . 15,000 »

Partant, les capitaux des biens immeubles propres et conquêts réunis, montent en totalité à vingt-quatre mille francs, ci. . . . 24,000 »

Dont le droit, à raison d'un pour cent, s'élève à deux cent quarante francs, ci. . . 240 »

Résumé des droits dus à l'Etat par les enfans Bertin.

Ils doivent, 1.º Pour le mobilier, cinq francs soixante - cinq centimes, ci.   5   65

2.º Pour les immeubles, ci. .   240 »

Total.   245   65

Ajoutez le dixième en sus, qui est de, ci.   24   57

En résultat, les droits dus par les héritiers Bertin se montent à deux cent soixante-dix fr. vingt-deux cent, ci.   270   22

Remarque.

On ne doit point omettre de dire ici que, lors de la réunion de l'usufruit à la propriété des biens qui en sont grevés, il ne sera dû aucun nouveau droit, les héritiers l'ayant acquitté comme si ces biens n'en étaient pas grevés. Cette remarque doit recevoir une application générale, toutes les fois qu'un bien, de quelque nature qu'il soit, sera grevé d'un usufruit.

VII.ᵉ Exemple.

Succession entre époux Bertin.

On vient de voir s'opérer la liquidation des droits dus par les enfans Bertin, comme héritiers en ligne directe de leur père. Faisons connaître maintenant ceux qui sont dus par sa veuve, résultant de la donation testamentaire faite en sa faveur, et des attributs de la coutume de Bretagne, sous l'empire de laquelle le mariage a eu lieu, et la communauté régie.

La veuve Bertin recueille, à titre de donation entre époux par le décès de son mari,

1.° Un quart en propriété du mobilier dépendant de la succession de son mari, lequel quart, sur 3,000 fr., comme il est facile de le voir, en se reportant à la déclaration qui précède, est de   f.   c.
sept cent cinquante francs, ci . .   750   »

2.° Un autre quart en usufruit,
montant à pareille somme de sept

f. c.

De l'autre part. . . . 750 »

cent cinquante francs ; mais on se
rappellera qu'il a été dit, qu'il
était de principe que toute dévolution en usufruit se capitalisait
sur le pied du denier dix ; ainsi,
en opérant de cette manière ,
comme on doit toujours le faire,
le capital au denier dix d'une
estimation mobilière de 750 fr.,
censée faite sur le pied du denier
vingt, se réduira à moitié de cette
valeur, ce qui produira trois cent
soixante-quinze francs, ci. . . 375 »

Or, le mobilier que la veuve
Bertin recueille , est censé, pour
l'établissement du droit dû à l'E-
tat , d'une valeur totale de , ci. 1125 »

Sur lequel capital de 1125 fr. , le droit est dû comme
sur 1140 fr. , en suivant la série de 20 fr. en 20 fr. ,
comme on l'a expliqué ci-devant, lequel droit, à raison de 1 fr. 50 cent. par cent fr.,
produira dix-sept francs dix cent., f. c.
ci. 17 10

Droits immobiliers.

Biens propres.

Ils consistent :

1.° Dans un quart en propriété et jouissance de la
maison située à Nantes, rue Crébillon, lequel quart,
sur un revenu de six cents francs, donne un revenu de

                                    f.   c.

eent cinquante francs , ci. . .   15o   »

Dont le capital au denier vingt est de   f.   c.
trois mille francs , ci. . . . . 3,ooo   »

2.° Dans un autre quart en usu-
fruit de la même maison, aussi d'un   f.   c.
revenu de cent cinquante fr , ci.   15o   »

Produisant un capital au denier dix , de
quinze cents francs , ci. . . . . . . 15oo   »

Conquéts de communauté.

Ils consistent :

1.° Dans un quart en propriété de la maison située à
Nantes , place Graslin , dont le revenu , pour la portion
appartenant à cette succession , est de mille francs , ce
qui , pour ce quart , donne un.   f.   c.
revenu de deux cent cinquante f.,ci.   25o   »

Produisant au denier vingt un capital de   f.   c.
cinq mille francs , ci. . . . . 5,ooo   »

2.° Enfin , dans l'usufruit de trois quarts
de cette partie de maison dont les héritiers
en ligne directe Bertin ont la nue propriété ;
cet usufruit est dévolu à la veuve , si on
le veut , un quart en vertu de la donation
testamentaire , et les deux autres quarts en
vertu des dispositions de la ci-devant coutume
de Bretagne , sous l'empire de laquelle elle s'est
mariée; ce n'est pas là le cas du don et du
douaire , cet usufruit est un gain de survie
accordé par la coutume , indépendamment

TOTAL. . . . . . 9,5oo   »

(60)

Report. . . : . . . 9,500   »

de tous avantages contractuels ; car, s'il n'y eût pas eu de donation, la veuve Bertin n'en eût pas moins eu la jouissance pendant sa vie des conquêts de communauté appartenant à son mari prédécédé. Cette remarque est ici essentielle ; l'usufruit, disions-nous, frappe donc sur un revenu de sept cent cinquante francs, ci. . . . .   **f.   c.**   750   »

Ce qui produit un capital au denier dix de sept mille cinq cents francs, ci. . . . .   **f.   c.**   7,500   »

En réunissant ces divers capitaux de biens immeubles propres et conquêts de communauté dévolus en propriété et usufruit à la veuve Bertin, tant en vertu de la donation que lui a faite son mari, qu'en vertu des dispositions de la coutume de Bretagne, ils forment un total de dix-sept mille fr., ci. 17,000   »

Sur lequel capital de 17,000 fr., les droits sont dus à l'Etat à raison de 3 fr. par 100 fr.,   **f.   c.**   ce qui produit cinq cent dix fr., ci.   510   »

Résumé des droits dus par la veuve Bertin.

1.º Elle doit pour le mobilier, ci.   17   10
2.º Elle doit pour les immeub., ci.   510   »

Total, ci.   527   10

A quoi ajoutant le dixième en sus, qui est de, ci.   52   71

Elle doit donc en totalité, ci.   579   81

Remarque.

On voit, dans cette dernière opération, qu'il n'est pas question du douaire de la veuve Bertin, auquel elle est censée avoir renoncé en acceptant la donation.

Ces deux derniers exemples, et les remarques qui les suivent, sont suivis dans les bureaux d'enregistremens établis dans le ressort des ex-coutumes de Bretagne, d'Anjou, du Maine, Poitou, etc., etc.

VIII.ᵉ Exemple.

Succession ouverte en ligne directe descendante, d'époux marié sous l'empire du Code civil, lorsqu'il existe des enfans du mariage, et que les époux se sont fait donation de ce dont le Code civil permet de disposer.

Supposons les mêmes personnes et les mêmes valeurs en biens meubles et immeubles, que celles proposées au 6.ᵉ exemple qui précède, ainsi qu'une communauté de biens acceptée par la veuve.

Les droits dus au gouvernement s'établiront de la même manière en ce qui concerne ceux dus par les enfans, comme héritiers de leur père en ligne directe (se reporter à la liquidation de ces droits établis, fin de ce sixième exemple); les enfans devront donc, pour tous droits, ci . . . . f. c. 270 22

Succession entre époux , dans le sens de la proposition établie au 8.ᵉ exemple.

On vient de dire qu'il n'y aura aucun changement dans le mode de liquidation et dans la quotité des droits dus par les enfans, comme héritiers de leur père. Maintenant, disons qu'il n'y aura de différence qu'en ce qui concerne la veuve survivante, laquelle ne s'étant point mariée sous le régime coutumier, ne profitera point de l'usufruit de la totalité des conquêts de communauté que lui eût accordé l'ex-coutume de Bretagne, si elle se fût mariée sous son empire. Elle ne pourra prétendre (comme son mari, si elle fût décédée la première), que ce que lui attribue la donation, un quart en propriété, et un autre quart en usufruit ; ainsi , quant à la liquidation proposée pour la veuve, dans l'exemple 7.ᵉ qui précède , il n'y aura de variation qu'en ce qui est relatif aux conquêts ; au lieu de porter le revenu dévolu en usufruit, à sept cent cinquante francs , on ne le portera qu'à deux cent cinquante fr. , ce qui produira un capital au denier dix, de 2,500 fr., au lieu de 7,500. Or , ce retranchement opéré en réunissant les capitaux des biens attribués à la veuve Berlin , on ne trouvera plus qu'un capital   f.   c.
général de 12,000, au lieu de 17,000, ci. 12,000   »

Dont le droit , à raison de 3 fr.
par 100 fr., sera de trois cent   f.   c.
soixante francs, ci. . . . . . 360 . »

Le droit établi au 7.ᵉ exemple ,
pour le mobilier , sera le même ,

f.   c.

Ci-contre. . . 36o   »

èt montera à dix-sept francs dix

centimes, ci. 17 10

Total. 377 10

En ajoutant le dixième en sus de cette somme de 379 f. 10 cent. qui est de, ci. 37 71

Il sera dû en totalité par la veuve, ci. 414 81

Ce dernier exemple, et ce qui y fait suite, devient une règle générale pour toute la France.

IX.ᵉ Exemple.

Succession ouverte en ligne directe, d'époux marié sous l'empire de la loi du 17 nivose an 2, lorsque les conjoints se sont fait donation de ce dont cette loi permet de disposer.

Hyacinthe Berthier est décédée. Son mari . Eugène Lefebvre lui a survécu ; il existe trois enfans de leur mariage ; ils se sont mariés sous le régime de la communauté ; il dépend de la succession de la femme Lefebvre, du mobilier, des biens propres et des conquêts de communauté. Il a été fait inventaire.

Cet inventaire est compréhensif d'une masse mobilière de huit mille francs, ci. . . . . . . 8,000 f. c.

Dont moitié appartient au survivant, à titre de communauté,
l'autre moitié appartient aux enfans Lefebvre, comme héritiers en
ligne directe de leur mère, et
monte à quatre mille francs, ci. . 4,000　　》

Les droits dus à l'Etat sur cette
somme de 4,000 fr. par les enfans Lefebvre,
à raison de 25 cent. par 100 fr., se montent　　f.　c.
à dix francs, ci. . . . . . , . . 　10　　》

Immeubles propres.

Ils consistent dans :

Une prairie située à . . . d'un
produit annuel de deux cents　　f.　.c.
francs, ci. . . . . 200　　》.

Cette prairie n'est pas louée.

Conquêts de communauté.

Ils consistent dans :

Une ferme affermée sans bail, pour huit cents francs
par an, toutes charges et impôts compris, dont la moitié
appartenant à cette succession,
produit un revenu de quatre cents　　f.　c.
francs, ci. . . . . 400　　》

Ce sont tous les immeubles
propres et conquêts de communauté dépendant de cette succession, dont les revenus cumulés ＿＿＿＿＿＿
s'élèvent à six cents francs, ci. 600　　》

Lesquels revenus capitalisés au denier vingt,   f.   c.

produisent en principal douze mile f., ci. . . .12,000   »

Ce qui donne ouverture à un

droit sur le pied d'un pour cent,   f.   c.

montant à cent vingt francs, ci.   120   »

Résumé des droits dus par les enfans Lefebvre.

Il est dû pour droit sur le mobilier.   10   »

Et pour droit sur les immeubles.   120   »

En TOUT, ci.   131   »

Le dixième en sus est de, ci. . .   13   10

En résultat, il est dû par les

enfans Lefebvre, ci.   144   10

X.ᵉ EXEMPLE.

Succession entre époux, d'Hyacinthe Berthier, femme Lefebvre.

Il s'agit actuellement d'établir la liquidation des droits dus à l'Etat par le sieur Lefebvre, donataire de son épouse, des biens dont la loi du 17 nivose an 2 a permis la disposition en sa faveur.

La loi du 17 nivose an 2, art. 13, permettait aux conjoints par mariage, lorsqu'il existait des enfans de leur union, de se donner mutuellement l'usufruit de la moitié de leurs biens. De-là, il s'ensuit que la femme Lefebvre, qui a disposé en faveur de son mari de tout ce dont la loi de nivose lui permettait de disposer, l'a établi donataire en usufruit de la moitié de ses biens.

Or, le sieur Lefebvre a recueilli, par le décès de son épouse,

Mobilier.

1.º L'usufruit de la moitié du mobilier dépendant de sa succession, laquelle moitié monte en principal à deux mille francs; mais, comme on l'a déjà observé, toute transmission en usufruit se capitalise au denier dix, de manière que ce capital   f.   c.
est réduit à, ci. 1,000   »

Dont le droit, à raison de 1 f. 5o cent. par 100 fr., se monte à quinze francs, ci. 15   »

Immeubles propres.

L'usufruit de la moitié des immeubles propres de la même succession, ce qui, pour
cette moitié, produit un revenu   f.   c.
de cent francs, ci. 100   »

Conquêts de communauté.

Enfin, l'usufruit de la moitié des conquêts dépendant de la même succession, laquelle moitié en usufruit, en consultant l'exemple précédent, donne un revenu de deux cents fr., ci. 200   »

De manière, que les biens propres et conquêts dont l'usufruit est dévolu au sieur Lefebvre, pré-

sentent un revenu en totalité de
trois cents francs, ci. . . . . . 3oo　》

Dont le capital au denier dix est de trois　f.　c.
mille francs, ci. . . . . 3,000　》

Ce qui donne ouverture à un
droit montant à quatre - vingt -　f.　c.
dix francs, ci. . . . . 9o　》

Résumé des droits dus par le sieur Lefebvre.

Il doit,
1.º Pour le mobilier, ci. . . 15　》
2.º Et pour les immeubles, ci. 9o　》

TOTAL, ci. . . 1o5　》
Dixième en sus, ci. . . . 1o 5o

Il doit en totalité, ci. . . . 115 5o

Remarques.

Les deux règles précédentes doivent être suivies,
toutes les fois que les époux mariés sous l'empire du
code civil, ayant enfans de leur union, et non d'un
précédent mariage, se sont fait donation de ce dont le
code civil permet de disposer en usufruit seulement.
Mais, sous l'empire du code civil, si la disposition établie
par le contrat de mariage, par le testament, ou par
tout autre acte valable, embrassait toute la portion
disponible, sans plus spécialiser que cet avantage serait d'un quart en propriété, et d'un autre quart en
usufruit, ou de la moitié des biens en usufruit seu-

lement, l'époux donataire serait obligé de se prononcer sur le choix, ou du quart en propriété, et d'un autre quart en usufruit, ou de la moitié des biens en usufruit seulement ; alors le receveur recevrait sa déclaration telle qu'il la ferait ; mais, comme cette déclaration ne peut lui être opposée sur le choix qu'il pourrait faire après celle-ci, si ce choix n'était pas conforme à sa déclaration, et qu'il profitât d'un avantage plus fort, on suppose qu'il eût déclaré ne vouloir profiter de la donation qu'en usufruit, et, qu'après, le receveur prouvât que le donataire a préféré un quart en propriété, et un autre quart en usufruit. Dans ce cas, le déclarant s'exposerait au paiement d'un droit en sus égal à celui qu'il n'aurait pas acquitté en tems utile, ce qui dou-blerait le droit dû.

XIe Exemple.

Succession entre époux mariés après la promulgation du Code civil, lorsqu'il n'existe pas d'héritiers dans la ligne directe descendante, c'est-à-dire, des enfans ou descendans d'eux ; mais, lorsqu'il existe des ascendans dans l'une et l'autre ligne, et que le conjoint premier décédé a disposé en faveur de son conjoint survivant, de ce dont le Code civil permet de disposer.

Emile Moreau avait épousé Eulalie Bert. Il est décédé sans enfans ni descendans d'eux ; il a disposé par donation entre vifs, par testament, ou par son contrat de mariage, en faveur de son épouse, de ce que la loi lui permet de donner. Remarquons ici que les père et mère du défunt existent, et que les époux ont vécu sous le régime de la communauté.

La succession Moreau se compose :

Mobilier.

1.º D'un mobilier de la valeur de quatre mille francs pour sa moitié dans celui dépen-   f.   c,
dant de la communauté, ci. . . . 4,000   »

Biens immeubles propres.

2.º De la métairie des Yviers, située à la Bazoge, d'un produit annuel, toutes charges et   f.   c.
impôts compris, de seize cents fr., ci. 1,600   »

Biens immeubles et conquêts de communauté.

3.º De la moitié dans une maison située au Mans, d'un revenu de six cents francs,
ce qui, pour cette moitié, donne   f.   c.
trois cents francs, ci. . . . 300   »

Voilà en quoi consiste toute la succession Moreau.

Par la donation faite par Moreau à son épouse qui lui a survécu, celle-ci, suivant l'article 1,094 du code civil, est devenue donataire en propriété et jouissance de moitié de la succession de son mari, par la modification apportée par l'art. 915 du code civil, qui réserve aux ascendans, lorsqu'il en existe dans les deux lignes, la moitié des biens de leurs descendans décédés sans enfans ni descendans d'eux ; mais, suivant le même article 1094, l'époux donataire a droit de jouir, pendant sa vie, de la totalité des biens dont la loi prohibe la disposition au préjudice des héritiers ; de manière que Madame Moreau est fondée à recueillir dans la succession de son mari :

Mobilier.

1.º La moitié du mobilier en pleine propriété et jouissance, laquelle moitié sur,

disions-nous, quatre mille fr.,   f.   c.

est de deux mille francs, ci. . . 2,000   »

2.º L'autre moitié en usufruit du mobilier de la même succession, lequel usufruit capitalisé au denier dix, donne un principal de mille francs, ci. 1,000   «

Total des droits mobiliers que recueille la veuve Moreau, trois mille francs, ci. 3,000   »

Ce qui produit, à raison de 1 fr. 50 cent. par 100 fr., un droit montant à quarante-cinq francs, ci. 45   »

Immeubles propres.

Elle recueille en outre,

1.º La moitié en propriété et jouissance de la métairie des Yviers, d'un produit

annuel pour cette moitié, de huit   f.   c.
cents francs, ci. . . . . 800 »

Produisant un capital au denier vingt,
de seize mille francs, ci. . . . . 16,000 »

2.° L'usufruit de l'autre moitié de la même
métaire des Yviers, dont le produit annuel
est aussi pour cette portion, de   f.   c.
huit cents francs, ci. . . . . 800 »

Dont le capital au denier dix est de huit
mille francs, ci. . . . . 8,000 »

Enfin elle recueille,

Immeubles, conquêts de Communauté.

1.° La moitié en propriété et jouissance de
la partie de maison dépendant de la succession
de son mari, qui, pour cette portion, donne un
revenu de cent cinquante francs,   f.   c.
ci. . . . . 150 »

Produisant un capital au denier vingt,
de trois mille francs, ci. . . . . 3,000 »

2.° Et l'usufruit de l'autre moitié du même
conquêt de communauté, aussi d'un   f.   c.
revenu de cent cinquante francs, ci. 150 »

Ce qui donne au denier dix un principal
de quinze cents francs, ci. . . . . 1500 »

En réunissant ces divers capitaux, ils pré-
sentent un total de vingt-huit mille cinq
cents francs, ci. . . . . 28,500 »

Sur lequel capital de 28,500 fr., le droit
est dû à l'Etat, à raison de 3 fr. par 100
fr., ce qui produit huit cent cinquante-
cinq francs, ci. . . . . 855 »

Résumé des droits dus par la veuve Moreau.

Elle doit,   f.   c.

1.º Pour le mobilier, ci. . .   45   »

2.º Pour les immeubles, ci. .   855   »

           Total. . . .   900   »

Ajoutons le dixième en sus des 900 fr., qui est de quatre-vingt-dix francs, ci.   90   »

Il s'ensuit que la veuve Moreau doit en totalité, ci.   990   »

XII.ᵉ Exemple.

Succession en ligne directe ascendante Moreau.

Reste à liquider les droits dus pour la nue propriété des biens dévolus ou échus aux Sieur et Dame Moreau, ascendans par le décès de leur fils, d'après l'art. 915 du code civil, et qui vont s'établir.

Mobilier.

1.º Sur la nue propriété de la moitié du mobilier délaissé par leur fils, laquelle moitié grevée de l'usu- fruit du conjoint survivant par   f.   c. l'effet de la donation, se monte à deux mille francs, ci. . . . 2,000   »

Dont le droit se perçoit sur le pied de 25 cent. par 100 fr., comme mutation en ligne directe, ce qui produit cinq francs, ci. .   5   »

Immeubles propres et conquêts de communauté:

- 2.º Sur la nue propriété de la moitié de la métairie des Yviers, d'un produit annuel, pour cette portion, de huit cents francs, ci.   800   »

3.º Et sur la nue propriété de l'autre moitié des conquêts appartenant à la succession Moreau, aussi pour cette portion de revenu, de cent cinquante fr., ci.   150   »

Si bien que la totalité des biens échus en nue propriété aux père et mère du défunt, offrent en revenu un total de neuf cent cinquante francs, ci.   950   »

Dont le capital au denier vingt est de dix-neuf mille francs, ci. 19,000   »

Donnant ouverture à un droit, à raison de 1 fr. par 100 fr., qui s'élève à cent quatre-vingt-dix francs, ci. . .   190   »

Résumé de: droits dus par les héritiers Moreau, dans la ligne directe ascendante.

Il est dû,   f.   c.

1.º Pour le mobilier, ci. . .   5   »

2.º Pour les immeubles, ci. .   190   »

           Total.   195   »

Le dixième en sus est de, ci.   19   50

Il est donc dû en total au gouvernement, ci.   214   50

En outre, sont dus les frais de timbre de la quittance ; il serait très-possible qu'on en donnât deux, une pour chaque ascendant, parce que leurs droits sont distincts ; cela n'augmenterait pas la perception des droits que l'on vient d'établir ; chaque quittance, en supposant deux déclarations, comprendrait la moitié du droit, ce qui atteindrait toujours le même but, parce qu'au lieu d'établir les droits héréditaires en masse, pour les deux ascendans, on les diviserait par moitié.

XIII.ᵉ EXEMPLE,

ou Remarque en tenant lieu.

Succession entre époux, lorsqu'il n'existe pas d'enfans, ni de descendans d'eux, mais un ascendant dans une ligne seulement.

En admettant la proposition établie dans l'exemple 11.ᵉ, si le sieur Moreau, décédé, n'avait laissé des ascendans que dans une ligne, le père ou la mère, la veuve Moreau, en vertu de sa donation, aurait été fondée à recueillir, conformément à l'art. 915 du code civil, les trois quarts en propriété et jouissance de la succession de son mari ; elle aurait, en outre, eu droit d'usufruit pendant sa vie, sur le quart réservé à l'ascendant survivant ; la déclaration alors se ferait ainsi, d'après les valeurs proposées dans l'exemple précité.

Déclaration quant à la veuve Moreau.

Elle reposerait,

Mobilie.

Sur la propriété et jouissance des trois quarts de la va-

leur mobilière, qui monterait, pour   f.   c.
ces trois quarts, à trois mille fr.,ci. 3,000   »
Sur l'usufruit du dernier quart
de la même espèce de biens, lequel
usufruit, sur 1000 fr., donnerait
au denier dix un capital de cinq
cents francs, ci. 500   »

Total, trois mille cinq cents f., ci. 3,500   »
Lesquels 3,500 fr. donneraient ouverture à un droit
qui, à raison de 1 fr. 50 cent. par 100 fr., s'élèverait
à cinquante-deux francs cinquante   f.   c.
centimes, ci. 52   50

Immeubles propres.

Sur les trois quarts en propriété et jouissance de la
métairie des Yviers, d'un revenu,
pour cette portion, de douze cents   f.   c.
francs, ci. 1200   »
Donnant au denier vingt, un principal de   f.   c.
vingt-quatre mille francs, ci. 24,000   »
Sur l'usufruit du dernier quart de la même
métairie des Yviers, d'un revenu, pour cette
portion, de quatre cents francs,   f.   c.
ci. 400   »
Produisant au denier dix, un capital de
quatre mille francs, ci. 4,000   »

Conquêts immeubles.

Sur les trois quarts en propriété de la portion de maison conquêt, appartenant à la

Total. 28,000   »

Report. . . . . 28,000 »

succession Moreau , d'un revenu , pour cette portion , de deux cent vingt-cinq francs , ci. . . . . . . 225 »

Dont le capital au denier vingt est de quatre mille cinq cents francs, ci. . . . . . 4,500 »

Enfin , sur l'usufruit du dernier quart de la même partie de cette maison, d'un revenu , pour cette portion , de soixante-quinze francs , ci. . . . . . 75 »

Produisant au denier dix , un principal de sept cent cinquante francs, ci. . . . 750 »

Tous ces capitaux réunis présenteraient un capital général de trente-trois mille deux cent cinquante francs, ci. . . . . . 33,250 »

Et donneraient occasion à un droit, sur le pied de 3 fr. par 100 fr. , montant à neuf cent quatre - vingt - dix-sept francs quatre vingt cent. ci. 997 80

Il serait donc dû par la veuve Moreau ,

1.° Pour droits sur le mobilier, ci. 52 50

2.° Pour droits sur les immeub. , ci. 997 80

Total. . . . 1,050 30

Le dixième en sus est de, ci. 105 03

En totalité , il serait dû , ci. . 1155 33

XIV.ᵉ EXEMPLE,

Faisant suite au 13.ᵉ

Succession ouverte en ligne directe ascendante.

Nous venons d'établir les droits qui seraient dus à l'état par la veuve Moreau, à cause de la donation que lui a faite son mari, en admettant que, n'ayant laissé ni enfans ni descendans d'eux, il n'y ait d'ascendans que d'un côté. Il faut aussi faire connaître les droits que devrait l'ascendant, pour la portion que la loi lui réserve dans les biens de son descendant décédé sans postérité.

L'ascendant Moreau recueillerait,

Mobilier.

Un quart en propriété du mobilier délaissé par son descendant, lequel quart, comme nous l'avons expliqué précédemment, serait grevé de l'usufruit de l'épouse du défunt; ce quart, sur 4000 fr., se-   f.   c.
rait de mille francs, ci. . . . 1000   »

Dont les droits, sur le pied de 25
cent. par 100 f., monteraient à deux
fr. cinquante cent., ci. 2 50

Immeubles.

La nue propriété d'un quart de la métairie des Yviers, dont le revenu est fixé ci-devant à seize cents francs,

ce qui , pour ce quart, donnerait   f.   c:
quatre cents francs de revenu , ci.   400   »

Enfin, la nue propriété d'un autre quart des conquêts de communauté , dont le revenu, pour cette portion , serait de soixante-quinze francs , ci.   75   «

Total en revenu des biens que recueillerait l'ascendant , quatre cent soixante-quinze francs , ci. .   475   »

Donnant un principal au denier vingt , de   f.   c.
neuf mille cinq cents francs, ci. . . .   9,500   »

Dont le droit dû à l'Etat, à raison de 1 fr. pour 100 fr. , mon-   f.   c.
terait à quatre-vingt-quinze f., ci.   95   »

Il serait donc dû par l'ascendant ,
1.° Pour le mobilier, ci. . .   2   50
2.° Pour les immeubles, ci. .   95   »

Total. . . .   97   50
Le dixième en sus est de, ci.   9   75

En totalité, il serait dû, ci.   107   25

XV.ᵉ Exemple,
ou Conséquence tirée du 11.ᵉ Exemple.

Succession entre époux, lorsqu'il n'existe pas d'ascendans, ni de descendans.

On observe que , s'il n'existe pas d'ascendans , ni de descendans, bien qu'il existât des frères et sœurs , ou descendans d'eux, la veuve Moreau, par le seul fait de la donation, deviendrait donataire de tous les biens délaissés par son mari. Revenons, pour les valeurs en biens, à la proposition établie dans l'exemple onzième ; alors, la liquidation des droits serait très-simple ; elle reposerait,

Mobilier.

1.° Sur une valeur mobilière de quatre mille francs, ci. . .

f.   c.
4000   »

Ce qui produirait un droit, à raison de 1 fr. 50 cent. par 100 fr., montant à soixante fr., ci.

60   »

Immeubles.

2.° Sur la totalité des biens immeubles propres et conquêts de communauté, dépendans de la succession du défunt, dont les revenus cumulés s'élèveraient à dix-neuf cents francs, ci. . . . . .

1900   »

Qui aurait produit un capital au denier vingt, montant à trente-huit mille francs, ci. . .

f.   c.
38,000   »

Dont le droit, à raison de 3 pour 100 f., monterait à onze cent quarante francs, ci. . . . . . .

1140   »

Résumé des droits qui seraient dus par la veuve Moreau.

Il serait dû pour le mobilier, ci.   60   »

Pour les immeubles, ci. . .   1140   »

TOTAL . .   1200   »

A quoi ajoutant le dixième en sus, qui est de, ci.   120   »

Il serait donc dû en totalité, ci.   1320   »

XVIe EXEMPLE.

Succession ouverte en ligne directe ascendante, lorsqu'il existe des ascendans dans les deux lignes, et des collatéraux, frères ou sœurs du défunt, ou des descendans d'eux.

———————

Hyppolite Bert est décédée sans postérité, laissant des ascendans père et mère dans l'une et l'autre ligne, et des frères et sœurs, ou des descendans d'eux.

Alors, d'après l'art. 748 du code civil, sa succession se divise en deux portions égales, dont moitié seulement est déférée au père et à la mère, qui la partagent entre eux également; l'autre moitié appartient aux frères, sœurs du défunt, ou descendans.

La succession Bert se compose,

Mobilier.

1.° D'un mobilier de la valeur   f.   c.
de deux mille francs, ci.   .   . 2000   »

Immeubles.

2.° D'une maison située à Paris, d'un produit annuel de quatre cents francs, sans charge d'acquitter l'impôt, ci. 400   »

Voilà tout ce qui compose la succession Bert.

Nous avons dit que les ascendans étaient fondés à prétendre moitié dans cette succession, sauf la division entre eux.

Les ascendans recueilleront donc,

1.º Un mobilier de valeur de   f.   c.
mille francs , ci. 1000   »

Donnant ouverture à un droit
sur le pied de 25 cent. par 100
fr., montant à deux francs cinquante centimes , ci.   2   5o

2. Moitié dans la maison située
à Paris, ce qui, pour cette moitié,
donne un produit annuel de deux
cents francs , ci.   200   »

Et un capital au denier vingt , de quatre
mille francs , ci. . . . . , . 4000   »

Dont le droit, à raison d'un pour   f.   c.
cent , monte à quarante francs , ci.   4o   »

Résumé des droits dus à l'Etat par les ascendans Bert.

1.º Pour le mobilier, ci. . .   2   5o
2.º Pour les immeubles , ci. .   4o   »

Total. . . .   4a   5o
Dont le dixième en sus est de, ci.   4   25

En totalité ils doivent, ci. .   46   75

XVII.ᵉ Exemple.

Il s'agit actuellement de liquider les droits dus par les héritiers collatéraux Bert.

Succession ouverte en ligne collatérale.

Les frères et sœurs du sieur Bert, décédé, recueillent

une autre moitié des biens dépendant de sa succession,
l'autre moitié étant déférée à ses ascendans. Cette moitié
consiste aussi,

Mobilier.

	f.	c.
1.° Dans un mobilier de valeur de mille francs, ci	1000	»

Dont le droit est dû à raison
de 2 fr. 5o cent. par 1oo fr.,
comme transmission par décès dans
la ligne collatérale, ce qui produit
un droit montant à vingt-cinq f.,ci.　　25　»

Immeubles.

2.° Dans une partie de maison
d'un revenu annuel de deux cents
francs, ci. . . . . 　200　»

	f.	c.
Produisant au denier vingt un capital de quatre mille francs, ci.	4ooo	»

Sur lequel ᶜapital, le droit est dû à
raison de cinq pour cent, ce qui

	f.	c.
produit un droit montant à deux cents francs , ci.	200	»

En résumant les droits dus par
les collatéraux Bert, on trouve

	f.	c.
qu'ils doivent pour le mobilier, ci.	25	»
Pour les immeubles, ci. . .	200	»
Total. . .	225	»
Le dixième en sus montant à	22	5o

Partant, ils doivent en total,
deux cent quarante-sept fr. cin-

quante centimes, ci.	247	5o

Remarque sur les deux exemples précédens.

Si le défunt n'avait laissé des ascendans que dans une ligne, cet ascendant n'aurait recueilli qu'un quart dans la succession du défunt, les trois autres quarts auraient été recueillis par les héritiers collatéraux.

Ainsi, l'ascendant n'aurait eu à payer les droits,

1.° Que sur une valeur mobilière de cinq cents francs, ci. . . . . . .   f.   c.

         500   »

Ce qui aurait produit en droits un fr. vingt-cinq centimes, ci. .   1   25

2.° Que sur un revenu immobilier de cent francs, ci. . . .   100   »

Produisant au denier vingt, un capital de deux mille francs, ci 2,000   »

Et un droit montant à vingt f.,ci.   20   »

Mais, les héritiers collatéraux auraient payé les droits,

1. Sur une valeur mobilière de quinze cents francs, ci 1,500   »

Dont le droit, à raison de 2 fr. 50 cent ,aurait monté à trente-sept francs cinquante centimes, ci. .   37   50

2.° Sur un revenu immobilier de trois cents francs, ci. 300   »

Dont le principal au denier vingt est de   f.   c.
six mille francs, ci. 6,000   »

Lequel aurait produit un droit à raison de cinq pour cent fr., mon-   fr.   c.
tant à trois cents francs, ci. . . 300   »

De manière qu'en résumant les droits dus,

1. Par l'ascendant survivant,
on verra qu'il doit pour le mobilier, ci.   .   .   .   .   .

Et pour les immeubles, ci.   .

	f.	c.
bilier, ci.	1	25
Et pour les immeubles, ci.	20	»
TOTAL	21	25
Le dixième en sus est de, ci.	2	13
En totalité, il doit, ci.	23	38

2. Par les héritiers collatéraux,
on verra qu'ils doivent pour le
mobilier, ci.   .   .   .   .

Pour les immeubles, ci.   .   .

mobilier, ci.	37	50
Pour les immeubles, ci.	300	»
TOTAL	337	50
Dont le dixième à ajouter est de, ci.	33	75
Droits dus en totalité, ci	371	25

XVIII.ᵉ EXEMPLE.

Succession ouverte en ligne directe ascendante.

Jules Desberreries est décédé ; il n'a laissé ni postérité, ni frères, ni sœurs, ni descendans d'eux, mais
a laissé des ascendans dans l'une et l'autre ligne. Sa
succession se divise alors par moitié, entre chaque ligne, et la moitié affectée à chaque ligne se subdivise
en autant de parties qu'il existe dans une ligne d'ascendans au même degré.

On suppose donc que la succession Desberreries consiste

Mobilier.

1.º Dans une valeur mobilière de six mille francs, ci.   6,000   »

Or, la moitié de cette valeur appartient à la ligne paternelle, et monte à trois mille francs, ci   3,000   »

Il est dû par les ascendans dans cette ligne, pour cette espèce de biens, sept francs cinquante centimes, ci.   7   50

Et l'autre moitié montant également à trois mille francs, appartient à la ligne maternelle, çi.   3,000   »

Pour laquelle somme, les ascendans, dans cette ligne, doivent également sept francs cinquante centimes, ci.   7   50

Immeubles.

2.º Dans une métairie située à Tours, d'un revenu annuel, toutes charges et impôts compris, de neuf cents francs, ci.   .   .   900   »

Moitié de cette métairie appartient à la ligne paternelle, et produit en revenu, quatre cent cinquante francs, ci.   .   .   ,   .   450   »

Présentant un capital au denier vingt, de neuf mille francs, ci.   9,000   »

Donnant ouverture en ligne directe, à un droit montant à quatre-vingt-dix francs, ci. . 9o »

L'autre moitié de la même métairie appartient à la ligne maternelle, et offre un pareil revenu
de quatre cent cinquante fr , ci.   45o   »

Et un capital au denier vingt, montant
aussi à neuf mille francs, ci. 9,000   »

Produisant pareillement un
droit montant à quatre-vingt-dix
francs, ci. . . . . . . 9o   »

Résumé des droits dus.

Il est dû à l'Etat ,

1.° Par les héritiers ascendans paternels Desberreries,

	f.	c.
1.° Pour le mobilier, ci. . .	7	5o
2. Pour les immeubles, ci. . .	9o	»
TOTAL. . . .	97	5o
Le dixième en sus est de, ci. .	9	75
En totalité, il est dû, ci. . .	1o7	25

2.° Par les héritiers ascendans maternels,

	f.	c.
1.° Pour le mobilier, ci. . .	7	5o
2. Pour les immeubles, ci. .	9o	»
TOTAL. . . .	97	5o
Le dixième en sus est de, ci.	9	75
Partant, ils doivent aussi, ci.	1o7	25

XIX.ᵉ EXEMPLE.

Succession ouverte en ligne directe ascendante et entre
collatéraux , autres que les frères , sœurs , ou descen-
dans d'eux.

Jules Desberreries est décédé ; il n'a laissé ni postérité , ni frères , ni sœurs , ni descendans d'eux,
mais a laissé un ascendant dans une ligne (son père),
et des héritiers collatéraux dans l'autre ligne.

Dans cet hypothèse, la succession du défunt est déférée pour moitié à l'ascendant survivant, et pour
l'autre moitié aux héritiers collatéraux ; néanmoins ,
cette moitié qui, en vertu de la loi , appartient aux
héritiers collatéraux , est grevée de l'usufruit du tiers
de cette moitié, au profit de l'ascendant survivant,
d'après l'art. 754 du code civil, dont la disposition a
été textuellement rapportée , lorsqu'il a été parlé du
3.ᵉ ordre de successions ; ainsi , en supposant les mêmes
valeurs en biens que celles proposées dans l'exemple
qui précède, nous dirons ,

Mobilier.

1.ᵉ Que sur le mobilier présentant   f.   c.
une valeur de six mille fr, ci.   . 6,000   »

Il en appartenait à l'ascendant
survivant la moitié en propriété et
jouissance , montant à trois mille
francs, ci. 3,000   »

Cet ascendant est , en outre, fondé à prétendre en usufruit, le tiers

TOTAL , ci. . . 3,000   »

A

f. c.

Report. . . 3,000 »

de l'autre moitié dévolue aux héritiers collatéraux.

Ce tiers en propriété, serait de
mille francs, mais en usufruit,
pour la perception du droit, ce
tiers ne doit être capitalisé qu'au
denier dix, ce qui donne cinq
cents francs, ci. . . . . . . 500 »

De manière, que l'ascendant
doit les droits sur trois mille
cinq cents francs, ci. . . . 3,500 »

Lesquels droits, sur le pied de
25 cent. par 100 fr., s'élèvent à huit
fr. soixante-quinze c., ci. 8 75

Immeubles.

2.º Que sur les immeubles consistant dans une métairie, d'un produit annuel de neuf cents fr., ci. 900 »

Il en appartient aussi moitié en
propriété et jouissance à l'ascendant, laquelle moitié offre en revenu quatre cent cinquante francs, ci. 450 »

Produisant au denier vingt un capital de   f. c.
neuf mille francs, ci. . . . . 9,000 »

En outre, cet ascendant est fondé à prétendre l'usufruit du tiers
de l'autre moitié déférée aux héri-

	f.	c.
Report.	9,000	»

tiers collatéraux, le tiers de cette
moitié produit un revenu de cent
cinquante francs, ci. . . . . 150 »

Dont le capital au denier dix est de quinze
cents francs, ci. . . . . 1500 »

Capitaux réunis des biens immeubles recueillis par l'ascendant, dix mille cinq cents
francs, ci. . . . . 10,500 »

Lequel capital de 10,500 fr. donne ouverture à un droit montant à cent cinq fr., ci. 105 »

Résumé des droits dus par l'ascendant.

Pour droit mobilier, il est dû, ci.	8	75
Et pour droit immobilier, ci. .	105	»
TOTAL. . .	113	75
Le dixième en sus est de, ci.	11	38
Total des droits dus, ci. . .	125	13

X X.^e E X E M P L E.

Faisant suite au précédent.

*Succession ouverte en ligne collatérale, lorsqu'il existe
un ascendant et des collatéraux autres que les frères
et sœurs du défunt, ou des descendans d'eux.*

Réglons à présent les droits dus par les héritiers collatéraux Desberreries. Ils sont fondés à prétendre.
(Consulter l'exemple qui précède.)

Mobilier.

1.º La moitié dans le mobilier de la succession de leur parent décédé.

Laquelle moitié est de trois mille francs, dont un tiers est grevé de l'usufruit de l'ascendant survivant, comme il est expliqué au précédent exemple, ci.   3,000   »

Produisant un droit, à raison de 2 fr. 5o cent. par 100 fr., montant à soixante-quinze francs, ci. . .   75   »

Immeubles.

2.º L'autre moitié dans la métairie dont a été parlé, de revenu pour cette moitié, de quatre cent cinquante francs, grevée pour un tiers de l'usufruit de l'ascendant, ci.   45o   »

Produisant au denier vingt, un capital de neuf mille francs, ci. 9,000   »

Et un droit, à raison de 5 f. pour 100 f., montant à quatre cent cinquante fr., ci. . . .   45o   »

Résumé des droits dus par les héritiers collatéraux Desberreries.

Ils doivent,   f.   c.

1.ª Droit mobilier, ci. . . .   75   »

2.ª Droit immobilier, ci. . .   45o   »

Total. . . .   525   »

Dixième en sus, ci. . . .   52   5o

Ils doivent en totalité, ci. .   577   5o

XXI.ᵉ Exemple.

Succession ouverte en ligne directe d'époux marié sous l'empire du code civil, qui avait des enfans d'un pré-cédent mariage, lorsqu'il a disposé en faveur de son conjoint survivant de ce dont le code civil lui permettait de disposer.

Casimir Clin avait épousé en premier mariage Louise Jamin. De ce mariage sont issus deux enfans ; l'épouse du sieur Clin l'ayant prédécédé, celui-ci a convolé à un second mariage avec Joséphine Yvon ; de ce second mariage est issu un enfant. Par son contrat de mariage, ou, si l'on veut, pendant son mariage, le sieur Clin a fait donation à son épouse en secondes noces, des biens dont la loi lui permettait la disposition ; les époux s'é-taient mariés sous le régime de la communauté.

Le sieur Clin est décédé ; il dépend de sa succes-sion, du mobilier, des biens propres, et sa moitié dans les conquèts immeubles de communauté, laquelle com-munauté a été acceptée par la veuve.

Sa succession consiste :

Mobilier.

1.º Dans la moitié qui lui appar-tient du mobilier de sa deuxième   f.   c.
communauté, évaluée, pour cette
moitié, à six mille francs, ci.   .   6,000   »

Immeubles propres.

2.º La ferme des Hatonnières,
située à Pontlieue, d'un revenu
annuel, toutes charges comprises,
de douze cents francs, ci. . . 1200 »

Conquêts immeubles.

3.º Enfin, dans la moitié de la
terre de Funay, aussi située à
Pontlieue, productible, pour cette
moitié, d'un revenu de dix-huit
cents francs par an, toutes charges
comprises, ci. . . . . 1800 »

Voila de quoi se compose la succession Clin.

Avant de présenter la liquidation des droits dus par
les héritiers dans la ligne directe Clin, il convient de
faire la distraction en faveur de sa veuve qui lui a
survécu, des droits que lui attribue la donation que
lui a faite son mari.

L'article 1,098 du code civil dispose (nous l'avons
déjà dit) que l'homme ou la femme qui, ayant des
enfans d'un autre lit, contractera un second mariage,
ne pourra donner à son nouvel époux] qu'une part
d'enfant le moins prenant, sans que, dans aucun cas,
la donation puisse excéder le quart des biens.

Ici, il existe trois enfans des deux mariages; l'époux
prédécédé a donc pu disposer, en faveur de son conjoint
en second mariage, du quart de ses biens. Or, le pré-
lèvement opéré de ce quart de la part de la veuve,
en vertu de la donation, les droits des enfans Clin sont

réduits aux trois quarts de la succession de leur père ;
alors ils consistent dans :

Mobilier.

Les trois quarts en propriété du mobilier délaissé
par leur père, dont la valeur est portée ci-devant à
six mille francs, ce qui, pour ces trois
quarts, fait quatre mille cinq cents francs,   f.   c.
ci. . . . . 4,500 »

Dont le droit, à raison de 25 cent.
par 100 fr., se monte à onze francs
vingt-cinq centimes, ci. 11 25

Immeubles personnels.

2.° Les trois quarts de la
propriété de la ferme des Hatonnières, d'un revenu de douze
cents francs ; ce qui, pour ces
trois quarts, donne un revenu de
neuf cents francs, ci. . . . . 900 »

Conquêts immeubles.

3.° Les trois quarts dans la moitié, qui appartient à cette succession, dans la terre de Funay, ce qui,
pour cette portion, porte le revenu
à treize cent cinquante francs, ci. 1,350 »

Total en revenu des biens échus
aux enfans Clin, par le décès de
leur père, ci. . . . . . . 2,250 »

Lequel revenu capitalisé au denier **vingt,**   f.   c.
donne un principal de quarante-cinq mille
francs, ci. 45,000   »

Donnant ouverture à **un droit**
montant à quatre cent cinquante   f.   c.
francs, ci. 450   »

Résumé des droits dus par les enfans Clin.

1.° Pour le mobilier, il est dû, ci.	11	25
2.° Pour les immeub., il est dû, ci.	450	»
Total. . . .	461	25
Le dixième en sus est de, ci. . .	46	13
Partant, ils doivent en totalité, ci.	507	38

XXII.ᵉ Exemple.

Succession entre époux Clin.

Maintenant, il s'agit de la liquidation des droits dus
par la veuve Clin, pour les biens qu'elle a recueillis en
vertu de la donation que lui a faite son mari ; ces biens
consistent dans la propriété et jouissance :

Mobilier.

1.° Du quart du mobilier dépendant de la succession
de son mari, montant pour cette portion, sur   f.   c.
6,000 fr., à quinze cents francs, ci. 1500   »

Donnant ouverture à un droit,
à raison de 1 fr. 50 cent. par 100

fr., montant à vingt-deux francs
cinquante centimes, ci, ...   22   5o

Immeubles.

2.° Du quart dans la ferme des
Hatonnières, de revenu, pour
cette portion, de trois cents fr., ci.   3oo   »

3.° Du quart dans la terre de
Funay, pour la portion dépendant
de cette succession, ce qui, pour
cette portion, donne un revenu
de quatre cent cinquante francs, ci.   45o   »

Total en revenu des biens recueillis par la veuve Blin, à titre
de donation, ci. . . . . . .   75o   »

Produisant au denier vingt, un capital   f.   c.
de quinze mille francs, ci. . . . . . . .15,ooo   »

Et un droit dû à l'Etat, sur
le pied de 3 fr, pour 100 fr.,
qui se monte à quatre cent cinquante francs, ci. . . . . .   45o   »

Résumé des droits dus par la veuve Clin.

Il est dû sur le mobilier, ci. .   22   5o
Et sur les immeubles, ci. .   45o   »

TOTAL. . . .   472   5o
Ajoutant le dixième montant à,   47   25

Il est dû en totalité, ci. . . .   519   75

Remarque sur les deux exemples précédens.

Si la femme Clin était décédée la première, que ce fût elle qui eût contracté un second mariage, ayant des enfans du premier lit, la liquidation des droits se ferait de la même manière pour les enfans et pour le survivant, s'il était donataire, toutefois en admettant les mêmes valeurs en biens.

XXIII.ᵉ EXEMPLE.

Succession à titre de legs en faveur d'un étranger.

Joseph Guillouard est décédé ; par donation ou testament, il a institué Paul Baumer son légataire universel. Faisons bien attention que le défunt n'a laissé aucun héritier qui puisse se prévaloir d'une réserve légale. Alors, le légataire ou donataire a recueilli l'universalité des biens du donateur, qui consistent dans :

Mobilier.

1.° Un mobilier de valeur de trois mille francs, ci. . . . . 3,000 »

Sur lequel le droit est dû à raison de 3 fr. 50 cent. par 100 f., aux termes de la loi du 28 avril 1816, ce qui produit un droit montant à cent cinq francs, ci. 105 »

(97)

Immeubles.

2.° Dans une maison produisant
en revenu annuel, deux cents f., ci.   200   »

Dont le capital au denier vingt est de quatre   f.   c.
mille francs, ci.   4,000   »

Sur lequel capital de 4,000 fr, le droit est
dû, à raison de 7 pour 100, suivant la même
loi d'avril 1816, ce qui produit un droit
montant à deux cent quatre-vingts   f.   c.
fr., ci.   280   »

Résumé des droits dus par le légataire universel.

Il doit, pour droit mobilier, ci.   105   »

2.° Pour droit immobilier, ci.   280   »

T o t a l. . .   385   »

A quoi ajoutant le dixième en sus,
qui est de, ci.   38   50

Il doit en totalité, ci.   423   50

Remarque.

Quand il arrive que, dans une succession, il se trouve,
outre les héritiers, des légataires étrangers, non parens
du défunt, ils doivent les droits à l'Etat, sur les biens
dont ils sont donataires, de la même manière qu'on
vient d'en établir la perception, c'est-à-dire, sur le mobilier, à raison de 3 fr. 50 cent. par 100 fr. ; et sur
les immeubles, à raison de 7 fr. par 100 fr. ; sur le
capital au denier vingt du revenu de ces immeubles,
si la donation est en propriété et jouissance ; et sur le

13

capital au denier dix des revenus , si elle ne consiste qu'en usufruit.

Il est encore de principe que , lorsqu'une succession est grevée de legs particuliers, consistant en mobilier ou argent qui se trouvent en nature dans la succession , on ne peut exiger des légataires de mobilier ou d'argent, un droit de mutation, lorsque ce droit n'est pas plus fort, et a été acquitté par les héritiers sur la masse des biens; quant aux legs de rentes viagères, ils ne doivent aucun droit de mutation , quelles que soient les valeurs de la succession. Ces principes sont consacrés par décisions de l'administration de l'enregistrement.

Voici encore une observation essentielle, qui doit tenir lieu de règle générale.

Si une veuve est douairière , et si les biens affectés à son douaire, sont déjà grevés d'un usufruit , ou si un légataire en usufruit, est légataire ou donataire de biens déjà grevés d'usufruit, dans ce cas , le droit ne sera dû à l'Etat que lorsque l'ouverture du douaire ou de l'usufruit s'opérera en sa faveur; car, jusque là, la donation ou le douaire sont subordonnés à un événement ; et, comme il peut arriver que celui qui a l'expectative décède avant celui qui est nanti , il en résulterait que souvent on paierait un droit pour un avantage dont on n'aurait pas profité.

Reste à parler des grevés de restitution dans les cas prévus par les art. 1048 et 1049 du code civil.

Si le grevé de restitution est un héritier dans la ligne directe, il n'est dû d'autre droit que celui que devrait le fils , comme héritier de son père ; un autre droit est dû à l'époque où cesse la jouissance du grevé; ce droit est dû par les enfans à qui les biens grevés passent : il en est de même pour le grevé de restitution dans la ligne collatérale.

Enfin, nous terminons par dire que, lorsqu'il s'agira de liquider les droits dus à l'Etat, à l'occasion de l'ouverture des successions, une seule chose est importante à savoir, la voici : c'est de bien connaître l'étendue et la nature des droits qu'on doit recueillir, ce qui est quelquefois difficile dans les dispositions contractuelles ; mais, dans le doute qu'offrent souvent de pareilles dispositions, on consulte les jurisconsultes, les avocats, qui, seuls, peuvent nous instruire, par l'usage et l'habitude qu'ils ont de traiter de matières délicates. Une fois que l'on sait à quoi s'en tenir sur l'étendue de ses droits, on considère dans quel ordre de succession l'on se trouve; d'après ceci, il n'est pas difficile de faire l'application des droits dus sur les valeurs, soit mobilières, soit immobilières que l'on recueille. Les tarifs des lois de frimaire an 7, et d'avril 1816, sont assez clairs pour parvenir à cette application, et puis, la manière d'opérer, dont on a offert tant d'exemples, suffira pour être à même de faire soi-même ces liquidations. On aurait pû sans doute multiplier à l'infini les exemples, eu égard au nombre considérable de modifications qui ont lieu dans les dispositions contractuelles ; la communauté conventionnelle et le régime dotal nous en auraient offert la source. Cette foule de propositions, au lieu d'éclairer, n'auraient fait qu'obscurcir la matière; c'est ce que nous avons voulu éviter ; et, si ce petit travail que nous avons écrit dans des vues d'utilité, obtient quelques suffrages, nous n'aurons à regretter que de n'avoir pu mieux faire, en laissant à de plus habiles le soin d'en tirer un meilleur parti.

F I N.

SOMMAIRE DES MATIÈRES.

I.re PARTIE.

2.ᶜ PARTIE.

F I N.